Dígale a su corazón que palpite de nuevo

Dutch Sheets

Dígale a su corazón que palpite de nuevo por Dutch Sheets
Publicado por Casa Creación
Una división de Strang Communications Company
600 Rinehart Road
Lake Mary, Florida 32746
www.casacreacion.com

A menos que se indique lo contrario,
todos los textos bíblicos han sido tomados
de la versión Reina-Valera, de la Biblia, revisión 1960.

Este libro fue publicado originalmente en inglés con el título:
Tell Your Heart to Beat Again por Regal Books.

Traducido por PICA Y 6 PUNTOS con la
colaboración de Raúl García Corona (traducción)
y Elsa Galán de Poceros (edición)
Diseño interior por Lillian L. McAnally

ISBN: 0-88419-989-4
Impreso en los Estados Unidos de América

03 04 05 06 07 08 09 BP 9 8 7 6 5 4 3 2 1

ÍNDICE

PRÓLOGO

CAMBIE EL LAMENTO POR GOZO

El siguiente es un testimonio de mi secretaria. Aunque la historia de ella sea diferente a la de usted o a la mía, la esperanza que se demora [nota editorial: el autor utiliza la expresión "esperanza que se demora" porque así aparece en la Biblia, en la cita que posteriormente se menciona; se refiere a un estado de ánimo, no de esperanza, sino por el contrario, de desesperanza; producido porque lo que se espera tarda en llegar Para respeta el uso que le da el autor y para darle claridad al lector, no se utilizaron sinónimos no cambios de redacción ante la frecuente repetición] *suena familiar a cualquiera que ha perdido la esperanza o ha sufrido de dolor y desilusión. Si lo desea, tome su historia como un modelo de la manera en que Dios puede levantarse por encima de la oscuridad para liberarnos en la luz gloriosa de Su presencia y llevarnos a una vida llena de esperanza —.D.S.*

El 11 de enero de 2002, el escritor y conferencista Chuck Pierce habló en nuestra iglesia. Esa noche, mientras él ministraba, el Señor, de pronto, hizo sentir en mi corazón que habían pasado siete años, con total exactitud, desde que mi hija me contó los detalles devastadores de las actividades inmorales y reprochables de mi exmarido. Quedé completamente sorprendida de recordarlo, pero al pensar en lo que sucedió y repasar los acontecimientos que ocurrieron hacía años, me di cuenta de que en verdad ese día era el aniversario de aquel día tan relevante.

Entonces, Dios siguió hablándome de otras cosas durante el servicio, entre las cuales me dijo: "Siete significa conclusión, consumación. La confusión y desesperanza de los años pasados está llegando a su fin, estás por entrar a la plenitud de tu sanidad, el proceso casi ha finalizado. Quiero que sepas que este año estarás completa. La esperanza, el gozo y la vida llegarán muy pronto a ti, tendrás la victoria sobre la esperanza que se demora. Este será un año de nuevos comienzos."

Me sentí muy animada por eso y por otras cosas que el Señor me ministró ese fin de semana; después, sentí una expectación y hasta una esperanza en mi interior. Durante las siguientes semanas sentí una mayor fe, en especial mientras meditaba en la Palabra, pero entonces, la realidad y las tensiones de la vida comenzaron a abrumarme una vez más. Estaba tan ocupada que olvidé lo que el Señor acababa de hablarme.

En medio de todo, el pastor Dutch, quien había planeado escribir un libro acerca de la unidad, decidió cambiar y escribir un libro sobre la esperanza que se demora. En algunas ocasiones, mientras mecanografiaba su manuscrito, apenas podía ver la pantalla de la computadora a través de mis lágrimas, pues yo había vivido tanto de lo que él había escrito. ¿Pero por qué seguía luchando? ¿Por qué me mantenía en este lugar horrible de la esperanza que se demora? Lo había escuchado enseñar al respecto, había intentado seguir los pasos que indicaba para la sanidad y ahora, hasta trabajaba para él mientras escribía este libro; sin embargo, yo aún no había experimentado libertad en esa área. ¿Por qué? La frustración, la vergüenza, la desesperación y mi dificultad para creer, por poco y fueron más de lo que yo podía soportar.

Febrero de 2002 estuvo lleno de momentos horribles de dolor por la esperanza que se demora. No podía entenderlo, pero mi estado emocional parecía haber empeorado en lugar de haber mejorado. En ocasiones sentía como si la esperanza no existiera en lo absoluto; la desesperanza parecía impregnar toda mi vida, sin importar lo mucho que intentara recordar lo bendecida que era en realidad. No quería estar en ese lugar de desesperación e intenté luchar para salir de él, pero simplemente no podía encontrar esperanza.

Luego, mientras mecanografiaba su manuscrito, llegué al lugar en que el pastor Dutch escribió acerca de Abraham, citando Romanos 4:18: "Él creyó en esperanza contra esperanza" [nota del traductor: en inglés, *hope against hope* (esperanza contra esperanza) es un modismo que significa tener esperanza cuando parece no haber razón para tenerla]. Así que decidí hacer lo mismo: mantener la esperanza, la tuviera o no. Esta frase regresó a mi mente con frecuencia durante los siguientes días, y me dije: "¡Mantendrás la esperanza, la tengas o no!". Algo más que en verdad me impactó fue el reto que enviaba el pastor Dutch de aplicar la alabanza y la adoración como terapia. A pesar de haber meditado en las Escrituras, mi atención estaba sobre mí misma. Me di cuenta de que necesitaba poner atención en alabar y adorar al Señor en medio de mi batalla en contra del dolor por la esperanza que se demora; y comencé a hacerlo.

El 28 de febrero debió haber sido un día maravilloso de celebración en mi vida, pues mi segunda nieta nació. Mientras la sostenía en brazos, minutos después de su nacimiento, me maravillé por las grandes maravillas de Dios, nuestro Creador; sin embargo, al mismo tiempo, luché para contener las lágrimas. De alguna manera, el peso y la aflicción de ser una madre soltera, o de ser una abuela soltera, me parecía imposible de soportar. Al salir del cuarto del hospital, hice todo lo que pude para evitar sollozar en voz alta, limpiando discretamente las lágrimas de mis ojos; pero, tan pronto como entré a mi camioneta, comencé a llorar descontroladamente, y continué haciéndolo durante las cuatro horas después de que llegué a mi casa, clamando a Dios que me ayudara a tener esperanza contra esperanza; y a, de alguna manera, resultar victoriosa.

Al día siguiente, batallé en el trabajo, me dió un terrible dolor de cabeza como resultado de las horas de haber llorado. Y me di cuenta de que no soportaría el servicio especial de la iglesia que estaba programado para esa noche, a menos que tomara alguna clase de pausa, así que fui a casa a descansar. Recordé que la alabanza y la adoración son un arma en contra de la esperanza que se demora, así que puse un disco compacto de alabanza antes de recostarme, y centré mi atención en alabar a Dios mientras escuchaba la música y me relajaba. Apenas habían pasado varios minutos, cerca de la cuarta canción del disco, –cuando de pronto el Señor comenzó a hablarme.

> Esta noche te sanaré del dolor por la esperanza que se demora. Hoy se cumplen siete semanas desde que Dios te ministró el 11 de enero, cuando te dije que tu sanidad casi se había completado. También, esta noche se cumplen exactamente siete años desde que se le dijo a la iglesia lo que tu esposo había hecho; así que está terminado, finalizado. La devastación, la desesperación, la vergüenza y la desesperanza con la que viviste, desaparecerán. Te sanaré y te llevaré a un lugar de nuevos comienzos. El dolor por la esperanza que se demora desaparecerá esta noche y recuperarás la esperanza, el gozo y la paz. Tu vida nunca volverá a ser la misma.

Bien, siendo "la gran mujer de fe" que soy, me arrastré para salir de la cama y fui a ver un calendario, pensando: *No pueden haber pasado siete semanas desde que Chuck estuvo aquí.* Conté desde el 11 de enero hasta el 1 de marzo: eran exactamente siete semanas. Abrí los ojos con sorpresa: *Está bien. Pero no es posible que sean siete años desde el día en que la iglesia se enteró de lo que mi esposo había hecho.* Investigué hasta encontrar algunos viejos registros, por los cuales supe con seguridad que fue el primero de marzo de 1995. Hacía exactamente siete años cuando, con razón, se expuso su pecado (fue necesario hacerlo pues había sido pastor adjunto y su pecado había involucrado a menores de edad de la iglesia).

Mi espíritu comenzó a revivir en mi interior conforme me llenaba de expectación por lo que Dios haría en mi vida esa noche. Él terminaría Su obra de sanidad, ¡volvería a sentirme plena y completa! ¡Ahora, sería Joy [nota del traductor: en inglés, *Joy* es un sustantivo que significa *gozo*, el cual se usa como nombre propio] no solo de nombre sino en todo mi ser!

Al entrar a la congregación esa noche, la emoción comenzó a crecer en mi espíritu. Durante el tiempo de adoración, sentí como si un enorme depósito de esperanza, gozo, amor y vida me golpeara y literalmente me arroyara. El pastor Sam Brassfield ministró esa noche y dio una palabra poderosa del Señor acerca del avivamiento. Al compartir sobre ese tema, se refirió continuamente al número siete, ¡al hecho de que simboliza un momento de cumplimiento y de nuevos comienzos!

Mientras me deleitaba en el poder sanador de Dios, también me di cuenta de que el día anterior, 28 de febrero, había sido el séptimo aniversario del día en que mi exesposo dejó nuestra familia para siempre. No tenía duda de por qué me había sentido abrumada por la aflicción y por la carga de ser madre soltera, pero, oh, cuan grande es la maravillosa misericordia y gracia de nuestro Padre, Dios.

De niña, mientras crecía, mi meta había sido ser esposa y madre; hasta había planeado mi familia. Quería tener siete hijos: primero dos niñas, luego un niño, gemelas, un niño y luego otra niña. También decidí la edad que quería tener cuando naciera cada uno de mis bebés. El Señor fue fiel para cumplir mi deseo y, de forma increíble, tuve la bendición de tener seis hijos, incluyendo a las gemelas, en el orden y en los momentos de mi vida en que los había deseado. ¡Qué Dios tan asombroso! Sin embargo, nunca tuve al séptimo hijo.

Cuando comencé mi camino a la sanidad, hace varios años, no me imaginé diciéndole a nadie la verdadera razón por la cual no elegí tener un séptimo hijo, potencialmente una quinta hija. Y nunca compartí con mi familia por qué había tomado esa decisión, la cual tomé basada en la desesperanza de mi vida. No quería que conocieran que tan real era en mí el dolor por la esperanza que se demora, pero ya que Dios me ha sanado y me ha dado esperanza, ahora sí soy capaz de dar testimonio de Su bondad y Su gracia. Mis cuatro hijas tienen los siguientes segundos nombres: Joy (Gozo), Faith (Fe), Grace (Gracia) y Charity (Caridad), así que sabía que de tener otra hija, su segundo nombre habría sido Hope (Esperanza); pero ello era imposible. Mi vida estaba tan inundada de la tristeza que produce la esperanza que se demora, que no hubiera podido tener una hija con el nombre de Hope, pues habría sido la mayor mentira, por ello, decidí no tener una séptima hija.

¿Y recuerda que dije que mi nieta nació el 28 de febrero de 2002, el séptimo aniversario del día en el que el dolor por la esperanza que se demora ocupó una de las mayores posiciones en mi vida? ¿Le gustaría adivinar cuál fue el nombre que decidieron dar a su hija, mi hijo y mi nuera, sin tener ninguna idea de su significado para mí? ¡Katlyn Hope Anderson!

¡Oh, Dios!

Capítulo I

Ocúpese en vivir

En 1965, durante un encuentro familiar en Florida, una abuela despertó a todos a las 2:00 a.m. dando órdenes a su familia de conseguir botellas vacías de Coca-Cola, corchos y papel. Dijo: "Recibí un mensaje de Dios, las personas deben escuchar su Palabra". Ella escribía versículos en papelitos mientras sus nietos los colocaban en las botellas y las cerraban con corchos. Después, todos depositaron más de 200 botellas en el oleaje de la playa de Cocoa Beach.

Con el paso de los años, hubo personas que la contactaron y le agradecieron por los versículos. Ella murió en noviembre de 1974, al mes siguiente, llegó la última carta:

Querida señora Gause:

Le escribo esta carta a la luz de las velas, pues ya no tenemos electricidad en la granja. Mi esposo murió en el otoño cuando el tractor se volcó y nos dejó a once niños pequeños y a mí. El banco está a punto de hacer efectiva la hipoteca, solo nos queda una hogaza de pan, hay nieve en el suelo y faltan dos semanas para la Navidad. Oré pidiendo perdón antes de ir a ahogarme. El río ha estado congelado desde hacía dos semanas, así que pensé que no me tomaría mucho tiempo. Cuando rompí el hielo, una botella de *Coca-Cola* salió flotando. La abrí y con lágrimas y manos temblorosas leí acerca de la esperanza, en Eclesiastés 9:4 "Aún hay esperanza para todo aquel que está entre los vivos". También hacía referencia a Hebreos 7:19; 6:18 y Juan 3:3. Llegué a casa, leí mi Biblia y le di gracias a Dios. Por favor, ore por nosotros, porque ahora sé que lo lograremos.

Que Dios la bendiga a usted y a los suyos.

—*Una granja en Ohio*[1]

¿Cómo llegó esta botella salvadora desde Cocoa Beach, en Florida, hasta un río en Ohio, nueve años después? Y no sólo a cualquier río, sino al río *indicado,* cerca de la granja *indicada,* en el momento *indicado.*

Casi puedo escuchar a la "patrulla de ángeles de las botellas de la Sra. Gause" dando un suspiro de alivio cuando se entregó el último mensaje de esperanza, nueve años después de haber sido enviado. Casi puedo escuchar la explicación de Dios a los ángeles: "Esta última será un regalo de Navidad, parecido al primero que le entregué a los humanos sin esperanza hace dos mil años."

Las botellas de *Coca-Cola* se transformaron en botellas de esperanza. Tres de los cuatro versículos que había en la botella hablaban de la esperanza, ¡imagínelo! No hablaban acerca del poder de Dios, ni de Sus milagros, ni siguiera de Su provisión, la cual esta mujer necesitaba con desesperación. No, todo lo anterior viene *después* de la esperanza.

> En una ocasión, se le preguntó a un gran artista:
>
> —¿Cuál es el mejor cuadro que jamás ha pintado?
>
> —El siguiente —respondió con confianza.
>
> Pero a otro artista, a pesar de estar en la cúspide de su gloria, se le escuchó lamentarse:
>
> —Es una lástima que he fallado.
>
> —¿Por qué dices eso? –Le preguntó con asombro un amigo suyo.
>
> —Porque he perdido toda la esperanza de mejorar –dijo.
>
> Él tenía razón, pues para quien ha perdido la esperanza, el fracaso es inevitable.[2]

La esperanza es para la vida lo que las semillas son para la tierra, no podemos dar frutos sin ella. La vida es estéril sin la esperanza; no pueden producirse sueños y los destinos no serán cumplidos. Todo lo bueno que se produce en la vida nace de la esperanza, es por ello que Dios comienza ahí. Hasta la fe es: "La certeza de lo que se *espera*" (Hebreos 1:1, énfasis añadido). Una vez, alguien dijo: "Cuando no hay fe en el futuro, no hay poder en el presente".[3]

En la película *The Shawshank Redemption,* Andy (interpretado por Tim Robbins) y Red (interpretado por Morgan Freeman) están cumpliendo cadenas perpetuas por asesinato.[4] Red era culpable, Andy no lo era. Esta es una película acerca de la injusticia, la desesperación, la amistad, la esperanza –principalmente la esperanza– y al final, la reivindicación. En una escena, mientras hablan del poder de sostener que tiene la música, Andy explica que mantener la música viva en el corazón, demuestra que:

—Hay algo en el interior que no pueden alcanzar, que no pueden tocar.

—¿De qué estás hablando? –pregunta Red.

—De la esperanza.

Hablando desde la perspectiva de haber pasado casi cincuenta años en prisión, Red dice:

—La esperanza es algo peligroso, puede volver loco a un hombre. No sirve de nada dentro de una prisión, mejor acostúmbrate a esa idea.

Posteriormente en la película, hablando de nuevo de la esperanza de libertad, Andy lo resume todo en una afirmación profunda:

—Creo que en realidad todo se reduce a una simple elección: ocuparse en morir u ocuparse en vivir.

Andy estaba en lo correcto, no tener esperanza es, literalmente, comenzar el proceso de morir.

> En 1997, la gaceta de la Asociación Norteamericana del Corazón informó de una investigación notable. De acuerdo con el diario *Chicago Tribune*, Susan Everson del Laboratorio de Población Humana del Instituto de Salud Pública en Berkeley, California, encontró que las personas que experimentaban altos niveles de desesperanza, tenían una propensión 20% mayor a la arterosclerosis (el estrechamiento de las arterias) que la de las personas

> optimistas. Everson dijo: "Esta es la misma magnitud de riesgo aumentado que se ve al comparar a quien fuma una cajetilla de cigarrillos al día con una persona que no fuma". En otras palabras, ¡la desesperación puede ser tan mala para usted como fumar una cajetilla diaria de cigarrillos! [5]

Un artículo reciente que apareció en la revista *Reader's Digest*, informó que las personas que sufren de depresión grave tienen una probabilidad tres veces mayor de morir por una enfermedad cardiaca. Incluso quienes padecen depresión ligera tienen una tasa de mortandad 50% mayor a la normal.[6]

Dios nos lo dijo hace mucho tiempo. Proverbios 13:12 dice: "La esperanza que se demora es tormento del corazón; pero árbol de vida es el deseo cumplido". Desde luego, sé que Dios se refiere al corazón espiritual, pero se puede aplicar a ambos, la esperanza que se demora atormenta a los corazones, tanto en lo físico como en lo espiritual y teniendo un corazón enfermo, las personas no pueden correr de manera efectiva la carrera de la vida.

La esperanza que se demora es el resfriado común del alma, con la diferencia de que este virus es capaz de matar

---

Hebreos 12:1 nos exhorta: "Corramos con paciencia la carrera que tenemos por delante"; porque la falta de paciencia es una de las primeras causas de enfermedad del corazón. El Señor nos insta, a través de las Palabras de Pablo, en 1 Corintios 9:24: "Corred de tal manera que lo obtengáis [el premio]". Esto es casi como decir "ocúpense en vivir", ¿no le parece? Pero cuando la esperanza que se demora se arraiga, no solo somos incapaces de ganar sino que en ocasiones no podemos siquiera terminar la carrera. Perder la esperanza es paralizante, ya que, en el mejor de los casos nos convierte en poco más que simples espectadores, o en el peor de ellos, en personas como la mujer suicida de quien hablamos al principio del capítulo, que había perdido la voluntad de vivir.

No quiero que el dolor, la frustración, la desilusión o la esperanza que se demora afecten mi vida en ninguna forma. Quiero correr eficazmente la carrera de la vida, ¿no desea usted lo mismo? Pero no quiero correrla sólo de manera eficaz, sino también con entusiasmo y con placer, disfrutando el viaje. Con toda certeza, el Señor también lo desea para nosotros.

Nadie pasa por la vida sin sufrir de esperanza que se demora en algún momento u otro; es el resfriado común del alma, con la diferencia de que este virus es capaz de matar. Los síntomas aparecen en diferentes grados y en diversas formas, que van del desánimo a la depresión, de la duda al escepticismo y de la aflicción a las tendencias suicidas. La esperanza que se demora produce resignación, miedo, incredulidad, pérdida de la pasión, retraimiento de la vida y toda una hueste de otros males del corazón; ella apresa el alma.

El rey David, el gran guerrero adorador de Israel, la experimentó durante el tiempo en el cual se le acusó falsamente de ser desleal y tuvo que huir para salvar su vida y vivir en cuevas. Observe en el Salmo 142, cómo luchó contra la esperanza que se demora:

> Cuando mi espíritu se angustiaba dentro de mí, tú conociste mi senda. En el camino en que andaba, me escondieron lazo. Mira a mi diestra y observa, pues no hay quien me quiera conocer; no tengo refugio, ni hay quien cuide de mi vida... *Saca mi alma de la cárcel*, para que alabe tu nombre; me rodearán los justos, porque tú me serás propicio (versículos 3-4, 7 énfasis añadido).

La esperanza que se demora encarceló el alma de David. En tres ocasiones, en Salmos 42 y 43, también escritos desde la cueva, él tuvo que ordenarle a su alma que tuviera esperanza (véase Salmos 42:5,11; 43:5). Estos versículos son casi iguales, así que citar con uno de ellos es suficiente: "¿Por qué te abates, oh alma mía, y por qué te turbas dentro de mí? Espera en Dios; porque aún he de alabarle, salvación mía y Dios mío" (Salmo 42:11).

No permita que la esperanza que se demora aprisione su alma. Ocúpese en vivir. Sea uno de aquellos que se mencionan en Zacarías 9:12: "Prisioneros de esperanza".

Chris Jackson, uno de mis hijos espirituales y mi pastor adjunto, compartió conmigo los siguientes comentarios acerca de la capacidad que tiene la esperanza de liberarnos de la cárcel:

> Oseas se refiere al poder asombroso de la espe-

ranza cuando profetiza del amor inextinguible de Dios hacia su pueblo infiel. Él dice en el capítulo 2 versículo 15: "Y le daré [...] el valle de Acor por puerta de esperanza". *Acor* literalmente significa "problema". Podemos darnos cuenta de la gran confianza del Señor cuando dice, en esencia: "Le daré, a mi pueblo cansado y dolido, una esperanza que abrirá puertas en medio de los valles de la tribulación". Oseas continúa diciendo que, una vez que la esperanza abra una puerta, el pueblo: "Cantará como en los tiempos de su juventud" (2:15).

¡Que gran revelación del amor de Dios y del poder de la esperanza! Una palabra de Dios puede hacer surgir suficiente esperanza como para abrir una puerta para escapar de la tribulación. Del otro lado de esa puerta, se encuentra la juventud renovada y una canción olvidada, una canción para el Señor que hacía mucho que no se cantaba.

Usted podría sentir que no es capaz de salir adelante, pero aún sintiéndose tan viejo como Israel, usted puede levantarse por encima de toda decepción por el poder del Espíritu Santo. "Y el Dios de esperanza os llene de todo gozo y paz en el creer, para que abundéis en esperanza *por el poder del Espíritu Santo*" (Romanos 15:13, énfasis añadido).

Lo siguiente es lo que me compartió una de las mujeres que asisten a mi iglesia acerca de lo que sufrió por la esperanza que se demora.

El versículo de Romanos 15:13 está subrayado en mi Biblia, pegado en la computadora que tengo en el trabajo, escrito en un trozo de papel, con la esquina doblada, en mi agenda, y ha sido como una cuerda de seguridad en mi batalla en contra de la esperanza que se demora. He leído este versículo, junto con otros, casi todos los días durante los últimos años, conforme he hecho un esfuerzo por aplicar las estrategias que el pastor Dutch ha compartido en nuestra iglesia.

Mi vida ha estado llena de experiencias que podrían haberme llevado a una condición peligrosa de esperanza que se demora, las cuales incluyen abuso sexual, la muerte de mi padre cuando aún era una niña, años de acciones inmorales de un cónyuge, cáncer, divorcio; y esa es solo una lista parcial. De hecho, cuando busqué ayuda profesional de un psiquiatra, tuvo la amabilidad de decirme que en todos los años de su carrera sólo se había encontrado con un par de historias tan devastadoras como la mía. También me dijo que había vivido bajo tensión excesiva durante tantos años que mi mente había dejado de funcionar correctamente, hasta la comparó con un corazón que finalmente cede ante una enfermedad cardiaca. Su diagnóstico fue que quizá yo nunca sería capaz de funcionar normalmente de nuevo. ¡Gracias a Dios por los pastores, por los amigos y los familiares que me sostuvieron y me dijeron que lo lograría!

Varios momentos hubo en los cuales no les creí; y de hecho, siendo honesta, fueron muchos; a pesar de haber tenido el privilegio de sentarme donde enseñaba uno de los mejores maestros de Biblia del mundo. En ocasiones sentí que los principios no funcionaban en mi vida, y después la vergüenza y la condenación se establecían firmemente en mí. Tenía las llaves y las estrategias justo frente a mí, ¿por qué no funcionaban? Debía haber algo malo en mí. En ocasiones sentía tal fracaso, que tan solo el mantenerme viva era una lucha tremenda. Quería huir con desesperación. No puedo contar las veces en las cuales, literalmente, tenía que forzarme para confiar en Dios, al sentir que en verdad, la esperanza no existía.

Pero quiero que usted sepa que en los últimos años también he tenido tiempos de victorias, y que he ganado terreno ante la esperanza que se demora. Ha sido una batalla intensa, pero puedo testificar con confianza que los principios y las estrategias que leí en su libro, funcionan. Hace poco experimenté una sanidad increíble en mi vida ¡que está más allá de lo que jamás pude haber imaginado!

¿Qué es lo que causa el estado de ánimo que se describe en las Escrituras como *la esperanza que se demora*? En realidad es muy simple: anhelos y sueños incumplidos o destruidos, tales como:

- La muerte de un ser querido.
- Un matrimonio fallido o uno que nunca ocurrió.
- Un negocio que quebró; usted lo construyó pero nunca tuvo éxito.
- Un miembro de la familia que todavía no es salvo.
- Una promesa que no se mantuvo, una traición, un rechazo o una falsa acusación.
- Una lucha valiente de fe que parece haberse perdido.
- Como David lo experimentó: una acusación falsa, la vida en una cueva y un destino aparentemente perdido.
- Como en la vida de Abraham: un Ismael que Dios no acepta y un Isaac que usted no puede engendrar.

La lista es interminable; pero dicho en pocas palabras, la esperanza que se demora es el estado de ánimo producido cuando el sueño muere, o cuando, si aún permanece ahí, está atrapado en el miedo. Si le duele cuando piensa en su sueño, quizá sufra de esperanza que se demora. Si la pasión ha menguado y la apatía le ha invadido, es posible que sea la obra de la esperanza que se demora. Si usted se encuentra realizando todas las labores religiosas, haciendo y diciendo todo lo correcto, a la vez que se siente vacío y sin vida en su interior, tal vez usted es una víctima de este enemigo.

Si la desilusión parece ser más fuerte que el gozo que hay en su vida; si las lágrimas corren por sus ojos cuando piensa en una persona en especial; si usted no puede ir a algunos lugares en su mente y con su corazón, sin sentir malestar o emociones negativas; si ahora la promesa provoca desilusión o escepticismo en vez de fe; si la afirmación "Dios vendrá a rescatarlo" se confronta con cualquier duda o cuestionamiento, entonces está en alguna etapa de esta enfermedad del corazón.

Para comenzar, permítame decirle que experimentar esta condición de desesperanza no lo hace malo, débil o poco espiritual, simplemente lo hace humano. Considere las siguientes estadísticas de los Estados Unidos, las cuales están relacionadas con la pérdida de esperanza. No son bellas, pero son la realidad:

- El índice de divorcios ha aumentado 279% en los últimos 27 años.[7]
- 2.5 millones de personas en los Estados Unidos se divorcian cada año (50% de los primeros matrimonios y 60% de las parejas que se vuelven a casar).
- Cada año los nuevos divorcios afectan a un millón de niños.
- 63% de los suicidios en adolescentes, 90% de los niños que escapan de sus hogares o que carecen de uno y 85% de los jóvenes en prisión, provienen de familias sin padre.[8]
- Aproximadamente, 19 millones de adultos padecen de algún trastorno depresivo y la causa principal de incapacidad son los trastornos depresivos severos.
- La tasa de suicidios juveniles se ha triplicado en los últimos 35 años, lo cual hace del suicidio la tercera

causa de muerte entre las personas de 15 a 24 años de edad.[9]

- Todos los años, aproximadamente 25% de los estudiantes de preparatoria piensan seriamente en suicidarse.[10]
- La admisión en hospitales por causas psiquiátricas suma el 25% del total de las admisiones.[11]
- Ni siquiera nuestros líderes espirituales son inmunes a esta enfermedad: 70% de los pastores luchan constantemente en contra de la depresión.
- 80% de los hijos adultos de pastores buscan ayuda profesional para tratar la depresión.
- 50% de los pastores dejarían el ministerio si pudieran, pero no tienen otra manera de ganarse la vida.
- 1,500 pastores dejan el ministerio cada mes.[12]

Y ahora, algo de buenas noticias, que estoy seguro está listo para recibir: aunque puede llegar a serlo, la enfermedad del corazón de la esperanza que se demora no tiene por qué ser fatal. Existe un antídoto a prueba de errores: Jesús, el gran Médico, que vino a: "Sanar a los quebrantados de corazón" (Lucas 4:18), lo cual es un estado avanzado de la esperanza que se demora. Ponga atención a las palabras de Albert Edward Day:

> Tenemos confianza en que, del mismo suelo enrojecido por la sangre de nuestros corazones quebrantados, florecerá una vida interminable como la vida de Dios. Jesús coloca Su cruz en

> contra de todos los demonios de miedo y desesperación que merodean en las sombras de la ignorancia y el escepticismo. Ahí se origina el bastión suficiente de nuestra esperanza, pues nos revela un propósito y un poder para transformar la tragedia en transfiguración, y para coronar toda tumba con la esperanza de una resurrección.[13]

Con todo mi ser, creo que Dios quiere coronar cada tumba con una resurrección. Abraham y Sara descubrieron esta verdad maravillosa. El suyo fue un caso extremo de enfermedad en el corazón provocada por la esperanza que se demora. Fíjese en cómo ríen con escepticismo cuando, tras veinticuatro años de espera, Dios fue a ellos una última vez para prometerles a Isaac; quizá usted pueda reconocer esa risa.

> Entonces Abraham se postró sobre su rostro, y se rió, y dijo en su corazón: ¿A hombre de cien años ha de nacer hijo? ¿Y Sara, ya de noventa años, ha de concebir? Y dijo Abraham a Dios: Ojalá Ismael viva delante de ti.
>
> *Génesis 17:17-18*

> Entonces dijo: De cierto volveré a ti; y según el tiempo de la vida, he aquí que Sara tu mujer tendrá un hijo. Y Sara escuchaba a la puerta de la tienda, que estaba detrás de él. Y Abraham y Sara eran viejos, de edad avanzada; y a Sara le había cesado ya la costumbre de las mujeres. Se rió, pues,

> Sara entre sí, diciendo: ¿Después que he envejecido tendré deleite, siendo también mi señor ya viejo?
>
> *Génesis 18:10-12*

No se confunda, ellos estaban en problemas. Una vez que el escepticismo ataca, esta enfermedad del corazón se encuentra en una etapa avanzada. El siguiente es el proceso más probable que sigue la esperanza que se demora cuando no se atiende:

1. Desánimo, la primera etapa de esta enfermedad.
2. Confusión, donde comenzamos a cuestionarnos a nosotros mismos, nuestros sueños y las promesas de Dios.
3. Incredulidad, donde se ha perdido la esperanza y ya no hay expectativas.
4. Desilusión, la primera fase de la amargura, que por lo general involucra llegar incluso a cuestionar el carácter de Dios.
5. Amargura, cuando por nuestros profundos sentimientos de resentimiento culpamos a Dios, a los demás y hasta a nosotros mismos.
6. Escepticismo, una pérdida total de fe y esperanza; un corazón muerto.

Abraham y Sara experimentaron todo lo anterior, su fe de tener un hijo había muerto; eran escépticos. Pero no se quedó ahí, vea el relato de un Abraham y una Sara sanos, quienes lograron tener fe y plenitud tal como usted la tendrá:

> Él creyó en esperanza contra esperanza, para llegar a ser padre de muchas gentes, conforme a lo que se le había dicho: Así será tu descendencia.
>
> *Romanos 4:18*

> Por la fe también la misma Sara, siendo estéril, recibió fuerza para concebir; y dio a luz aun fuera del tiempo de la edad, porque creyó que era fiel quien lo había prometido.
>
> *Hebreos 11:11*

Si Abraham y Sara pudieron pasar de un estado extremo de esperanza que se demora hacia una fe fuerte y viva, usted también puede hacerlo. "Esperanza contra esperanza" es una frase poderosa. Frente a la desesperanza absoluta, ¡Abraham creyó!

¿Qué ocurrió con Moisés, un hombre con un corazón enfermo, incrédulo y escéptico, que se negaba a creer que Dios podría volver a usarlo? Después de todo, cuarenta años de fracaso y aislamiento es mucha esperanza que se demora.

> Entonces Moisés respondió a Dios: ¿Quién soy yo para que vaya a Faraón, y saque de Egipto a los hijos de Israel?
>
> *Éxodo 3:11*

> Y él dijo: ¡Ay, Señor! envía, te ruego, por medio

del que debes enviar [*en otras palabras: "A mí no"*].
Éxodo 4:13

Moisés había dejado de creer. Cualquier fe que tuviera para cumplir su destino y para ayudar a sus compatriotas israelitas, había estado muerta por mucho tiempo. Pero el Dios que trae esperanza a los que han perdido la esperanza, volvió a entrar a su vida a través de una zarza ardiente, abrió sus arterias obstruidas para darle una buena dosis de adrenalina, y le dijo: "Vamos Moisés, que no he terminado contigo". Ahora, vea en lo que se convirtió Moisés en este epitafio glorioso:

> Y nunca más se levantó profeta en Israel como Moisés, a quien haya conocido Jehová cara a cara; nadie como él en todas las señales y prodigios que Jehová le envió a hacer en tierra de Egipto, a Faraón y a todos sus siervos y a toda su tierra, y en el gran poder y en los hechos grandiosos y terribles que Moisés hizo a la vista de todo Israel.
>
> *Deuteronomio 34:10-12*

¡Esto lo califica como un auténtico vencedor sobre la esperanza que se demora!

No puedo esperar para contarle más acerca de ellos y de otras personas que han vencido la esperanza que se demora; las Escrituras están llenas de sus historias. Dios no solo lo sanará, sino que también usará esta mala condición para convertirlo en un campeón; sin embargo, aún no llegamos a ese punto. En este capítulo, la esencia es clara: la esperanza que se demora y que provoca enfermedades en el corazón no es incurable.

En *Pentecostal Evangel* J.K. Gressett escribe acerca de un hombre llamado Samuel S. Scull, quien se estableció en una granja del desierto de Arizona con su esposa e hijos:

> Una noche, una fuerte tormenta del desierto arremetió con lluvia, granizo y mucho viento. Al alba, sintiéndose enfermo y temiendo lo que podría encontrar, Samuel fue a contemplar la pérdida.
>
> El granizo había dejado una marca en el suelo alrededor del jardín y de su camioneta, la casa había perdido parcialmente el techo, el gallinero se había destruido y las gallinas muertas estaban esparcidas por todos lados, por doquier se veía destrucción y devastación.
>
> Mientras, aturdido, evaluaba el desastre y se preguntaba por el futuro, escuchó un movimiento en la pila de madera en la cual se había convertido el gallinero. Un gallo escalaba los escombros y no dejó de hacerlo hasta que llegó a la última tabla del montón. El viejo gallo estaba empapado y había perdido la mayoría de sus plumas, pero cuando el sol apareció en el horizonte, agitó sus alas huesudas y cantó con orgullo.[14]

Cuando el sol de la mañana apareció en el horizonte en medio del caos y la devastación, el gallo, golpeado y desplumado, ¡aún podía cantar! ¿Por qué? *Porque cantar está en su naturaleza.*

Acaso los vientos de la adversidad hayan soplado en su propia vida, o su mundo esté cayendo a pedazos; pero si usted mira con suficiente atención, se dará cuenta de que la luz de la fidelidad de Dios aún brilla a través de los escombros y usted puede levantarse sobre de ellos, pues *¡vencer está en su naturaleza!* Escuche lo que Dios dice acerca de usted en Romanos 8:35-39, lo cual está cargado de esperanza:

> ¿Quién nos separará del amor de Cristo? ¿Tribulación, o angustia, o persecución, o hambre, o desnudez, o peligro, o espada? Antes, en todas estas cosas somos más que vencedores por medio de aquel que nos amó. Por lo cual estoy seguro de que ni la muerte, ni la vida, ni ángeles, ni principados, ni potestades, ni lo presente, ni lo por venir, ni lo alto, ni lo profundo, ni ninguna otra cosa creada nos podrá separar del amor de Dios, que es en Cristo Jesús Señor nuestro.

Estoy seguro de que antes de que Dios termine, usted se levantará y escalará los escombros. Su alma será liberada de la prisión de la esperanza que se demora para que pueda *ocuparse en vivir.*

Capítulo 2

Corra con esperanza

Werner Lemke, un hombre que creció en Alemania durante la segunda guerra mundial, relata una experiencia que tuvo en la guerra. Las fuerzas aliadas avanzaban y su familia tuvo que trasladarse a otra región. Cuando estaban listos para partir, se detuvieron para ver su hogar por última vez, y uno de sus hermanos mayores dijo: "Esperen un minuto". Dirigiéndose al piano alrededor del cual se habían reunido a menudo, tocó parte de un himno que les era conocido. Una frase de ese himno llama a Dios: "¡Nuestra esperanza para los años venideros!" Y con ese ánimo, se fueron.[1]

Por esta razón, amigo mío, es que las Escrituras llaman a la esperanza: "Ancla del alma" (Hebreos 6:19). Las anclas dan estabilidad, evitan que vayamos a la deriva. Sin ancla, un barco se encuentra a merced de los vientos y las corrientes. Sin un ancla para nuestras almas, estamos a merced del clima impredecible de la vida.

Una de las palabras traducidas como esperanza en el Antiguo Testamento es *tiqva*, y que literalmente significa "cuerda" (como una atadura).[2] Algo aún más interesante es que esta última palabra proviene de *qava* que significa "unir por torsión"[3] (como se hace con las cuerdas o con una trenza en el cabello). La esperanza conecta. En efecto, nos une con Dios como una cuerda que se tuerce, nos ancla al trono de Dios, "detrás del velo"; donde estamos unidos a nuestro fiel Sumo Sacerdote a manera de un cordón umbilical que conecta desde el vientre a un bebé con su madre.

La palabra "*tiqva*" se traduce como "esperar" en Isaías 40:31: "Pero los que esperan a Jehová tendrán nuevas fuerzas; levantarán alas como las águilas; correrán, y no se cansarán; caminarán, y no se fatigarán". Esperar en Dios, estar anclados y trenzados a Él, nos da nuevas fuerzas para correr la carrera de la vida sin fatigarnos y para levantarnos sobre la adversidad.

A pesar de que huían tratando de salvar sus vidas, la familia Lemke corría la carrera *con* Dios y por lo tanto, con corazones saludables. Por desgracia, a diferencia de los Lemke, muchos la corren *sin* esperanza en Dios y por consecuencia lo hacen con corazones débiles, que de ninguna manera pueden sostenerlos en la carrera de la vida. La esperanza que se demora puede debilitar nuestros corazones de diferente manera, lo cual provoca que corramos de manera inadecuada; y por ello, ineficazmente. Como parte de la definición de la esperanza que se demora y de sus frutos, vamos a exponer diferentes maneras inadecuadas de correr; para, así, desarmar al enemigo en esas áreas.

Tras diez años de esperar a Isaac, Abraham y Sara sucumbieron al implacable bombardeo de desesperanza. Entiendo, y estoy seguro de que usted también entiende, que diez años es mucho tiempo para esperar una promesa, en especial cuando la promesa es que tendrá un hijo en su vejez.

Como tendemos a hacerlo muchos de nosotros, cuando al fin nos domina la desesperanza, Abraham y Sara tomaron acciones intentando *adelantarse a Dios.* Estos padres espirituales nuestros, comenzaron a especular cómo cumplir la promesa ellos mismos, sin Dios, de ser necesario, y quizás a pesar de Él. ¿Y cuál fue el resultado?: Ismael, un hijo que le dio Agar (la sierva egipcia de Sara) y una familia dividida, por no mencionar siglos posteriores de conflictos. Intentar adelantarnos a Dios crea problemas mayores.

Y después, Sara y Abraham hicieron algo que también es típico: le pidieron a Dios que aceptara la solución que ellos habían tramado y que no solo la aceptara sino que la hiciera Suya: "Ojalá Ismael viva delante de ti", clamó Abraham (Génesis 17:18).

Él nos da destinos que se elevan por encima de cualquier cosa que jamás pudiéramos hacer por nosotros mismos

---

¡Que patéticamente humano es eso! "Me cansé de esperar que Tu plan se desarrollara, Dios, así que ideé uno propio. Ahora, por favor permite que mi plan se vuelva el Tuyo". Con mucha frecuencia nuestras acciones demuestran esta misma mentalidad. ¿Cuántas veces me he vuelto impaciente al esperar que el plan de Dios se cumpla y he ideado uno propio? Demasiadas como para contarlas, y quizás usted haya hecho lo mismo que yo.

Ya que Dios sabe que Su camino es siempre el mejor y que Su tiempo siempre es adecuado, se niega a aceptar a nuestros *ismaeles* que fueron inspirados por la esperanza que se demora. Quiere, también, un elemento sobrenatural en nuestros destinos, que nos mantendrá dependientes de Él; y así, nos da destinos que se elevan por encima de cualquier cosa que pudiéramos hacer por nosotros mismos. Lo anterior no es una crueldad de Dios, es un acto indulgente pues ¿quién querría conformarse con una herencia natural cuando puede tener una sobrenatural? Pero, desde luego, sé que es fácil aceptar estas ideas teológicamente sensatas y elevadas cuando no somos quien está esperando a un Isaac.

Si usted ha intentado adelantarse a Dios y producir un Ismael o dos –y quién no lo ha hecho– tarde o temprano la provisión de la carne chocará con la espiritual, e Ismael tendrá que irse (véase Génesis 21:9-14). Esto puede ser doloroso; pero no sufra, pues "cuando hemos estropeado el plan que Él tenía para nosotros con nuestra torpeza o ignorancia, ya tiene otro preparado. Todos los días son un nuevo comienzo, y el futuro brilla con otra oportunidad a través de Él. Su voz soberana llamará a que nuestras esperanzas muertas se levanten a una nueva vida y llenen los días postreros con logros gloriosos."[4] Eso fue lo que le ocurrió a Federico Handel, compositor del gran oratorio *El Mesías:*

Él era alguien que alguna vez fue algo, pero

ahora era solo un fósil, una reliquia, un carcamán; mas no siempre fue así. Cuando joven, Federico Handel era de quien más se hablaba en Inglaterra, el compositor mejor pagado del planeta; y su fama se elevaba por todo el mundo.

Pero su gloria pasó, los espectadores menguaron y un proyecto tras otro fracasaba. Handel comenzó a deprimirse. La tensión le provocó un caso de parálisis que inhabilitó algunos de sus dedos. Federico el Grande escribió: "Los días de gloria de Handel han terminado, su inspiración se ha agotado."

Sin embargo, sus problemas lo hicieron madurar, y su música comenzó a surgir de su corazón. Una mañana, Handel recibió de Charles Jennens una recopilación de diversos textos bíblicos. Las palabras con las que comienza Isaías 40 conmovieron a Handel: *Consolaos, consolaos, pueblo mío.*

El 22 de agosto de 1741, comenzó a componer la música para esas palabras. Veintitrés días después, el mundo recibió *El Mesías*, que se estrenó en Londres, ante enormes multitudes, el 23 de marzo de 1943. Handel dirigió desde su clavicordio. Y el rey Jorge II, quien estuvo presente esa noche, sorprendió a todos al levantarse de su asiento con un salto durante el "Coro del Aleluya". Desde ese día, los espectadores, en todos lados, se han quedado en reverencia ante las apasionantes palabras: *¡Aleluya! Y reinará por siempre y siempre.*[5]

¿No le alegra que Handel dejara que Dios se deshiciera de sus *ismaeles*, para traer a Isaac al mundo?

Si Satanás no puede hacer que nos adelantemos a los planes de Dios, él tiene otro plan con la esperanza que se demora que oprime nuestros corazones: *hacer que nos alejemos de Dios.* Las expectativas fallidas pueden ser muy devastadoras y debilitantes. Como un globo que pierde el aire, nuestro corazón rápidamente se desinfla, haciendo que nuestras emociones giren sin control. Eso les ocurrió a los discípulos, pues no esperaban que las cosas resultaran de la manera en que lo hicieron (la crucifixión, la resurrección y la desaparición de Cristo) y por eso comenzaron el proceso de huir.

Como no lo dice Hebreos 6:18-19: cuando la decepción y la confusión llegan, nuestra reacción debe ser correr *hacia* el Señor:

> Para que por dos cosas inmutables, en las cuales es imposible que Dios mienta, tengamos un fortísimo consuelo los que hemos acudido para *asirnos de la esperanza puesta delante de nosotros.* La cual tenemos como segura y firme ancla del alma, y que penetra hasta dentro del velo (énfasis añadido).

El gran himno "La roca fuerte" declara con mucha elocuencia la que debe ser nuestra respuesta ante la adversidad: "Mi esperanza no está plantada en nada más que en la sangre y la justicia de Dios." En especial, me encantan los versos que afirman:

Cuando la oscuridad oculta Su hermoso rostro,
Descanso en Su gracia inalterable.
En cada viento tormentoso
Mi ancla se sostiene en Él.

En Su promesa, Su pacto, Su sangre,
Sostenme en medio de la tormenta.
Cuando todo alrededor de mi alma se hunde.
Él es en lo que permanezco y espero.[6]

Lo que los discípulos debieron hacer cuando empezó su confusión, fue aferrarse a la esperanza que encontraron en Cristo. Mas lo que hicieron fue comenzar el proceso de huir del plan de Dios, regresando a sus antiguas vidas y vocaciones: "Voy a pescar", dijo un Pedro impetuoso (Juan 21:3).

Los otros discípulos, carentes de esperanza, dijeron en esencia: "Estamos contigo, Pedro, ya fue más que suficiente el asunto este de salvar al mundo, y más que suficientes cruces y resurrecciones, para después verlo irse de nuevo. Todo es muy confuso para nosotros. Ahora a pescar, ¡eso sí lo entendemos! Vayamos."

Y tenga en cuenta que no solo fueron a pescar para distraerse, realimente ellos huían de lo que no podían comprender, por eso regresaban a su antigua ocupación. Seguramente nosotros habríamos hecho lo mismo, pues la desesperanza nos desorienta, nos hace perder el rumbo, el centro de atención. Y en ocasiones, cuando huimos de la confusión, no nos damos cuenta de que huimos de nuestro propósito y nuestro destino, como les sucedió a los discípulos.

Me encanta la respuesta de Cristo ante la confusión de ellos. Las Escrituras dicen que "aquella noche no pescaron nada" (Juan 21:3). Es una verdadera frustración estar despierto toda una noche para no lograr nada. ¿Cree que simplemente fue mala suerte? ¡De ninguna manera! En Su misericordia, y con el compromiso que tenía con ellos, esa era la forma en que Cristo les decía: "No permitiré que huyan de mi, y regresen a su antigua manera de vivir. Me interesa demasiado el destino de ustedes y Mi misión, como para permitirlo".

Entonces, Jesús obró uno de Sus milagros, con el cual estamos familiarizados en la actualidad, diciéndoles que lanzaran su red por un costado de la barca, lo cual tuvo como resultado una gran pesca. ¿Qué cree que les estaba comunicando a través de estos eventos? Quizá quería que comprendieran los siguientes conceptos:

- Soy el Señor de los peces… y de los pescadores.
- Aun cuando no entiendan, quiero que confíen en mí.
- Aunque ya no me verán todo el tiempo, sigo con ustedes, no teman.
- Les dije que los haría pescadores de *hombres* y guardo con celo ese destino. Ahora, Pedro, reaviva tu esperanza y regresa a la carrera que tengo para ti: Apacienta mis ovejas (véase Juan 21:15-17).
- La esperanza que se demora no es una enfermedad terminal, así que manténganse donde están, lo entenderán dentro de poco; por ahora, confíen en mí.

Y así, usted y yo debemos confiar en Él. Cuando parezca que los planes cambiaron y que Él no le informó nada a usted, confíe en Él, no huya. Cuando nada parezca tener sentido, Él está cerca, preparando la comida que lo sostendrá hasta superar la dificultad (véase Juan 21:9), confíe en Él.

Una de mis historias favoritas de la Biblia es la de David y Goliat. Me encanta la parte en la cual David, después de declarar con valentía que Dios entregaría a Goliat en su mano, "corrió a la línea de batalla contra el filisteo" (1 Samuel 17:48). ¡Correr así es bueno! Quizás era esto de lo que hablaba David en el Salmo 18, cuando dijo: "Perseguí a mis enemigos, y los alcancé, y no volví hasta acabarlos" (v. 37). Nuestra herencia como creyentes en el Señor es ser como audaces leones, estar a la ofensiva. Las Escrituras enseñan que los enemigos deben huir de nosotros y no nosotros de ellos (Deuteronomio 28:7; Proverbios 28:1). Este hecho hace aún más trágico el tercer resultado de la esperanza que se demora: *que huimos de nuestros enemigos.*

Me refiero a huir de enemigos espirituales y emocionales, desde luego no de otros seres humanos. Obviamente existirán momentos en nuestras vidas en los cuales deberemos evitar las confrontaciones físicas, si es posible. O quizás, como los Lemke, en la historia con la cual iniciamos este capítulo, quizás hasta tengamos que huir de situaciones opresivas. De éstas podemos huir, pero no de los enemigos emocionales y espirituales.

Sin embargo, la esperanza que se demora produce miedo y nos hace sentirnos inseguros de nosotros mismos, de nuestra fe y, sí, hasta de nuestro Dios. Debemos ser capaces de avanzar confiando y creyendo que somos más que vencedores; sin embargo, en ocasiones nos encontramos viviendo con miedo y timidez, huyendo de los obstáculos, de las adversidades y de los gigantes que encontramos en nuestras vidas.

Hebreos 12:12 nos dice: "Levantad las manos caídas y las rodillas paralizadas". Paralizado proviene del griego *paraluo.* El miedo paraliza, ¿no es cierto?. Quizás alguna vez haya escuchado la palabra "frío de miedo" o "petrificado", las cuales tienen la connotación de que el miedo nos inmoviliza. Otras traducciones de este versículo nos hacen ver la conexión que existe entre la palabra *paraluo* y el miedo como: "fortalezcan sus rodillas temblorosas"; "afirmen las piernas temblorosas"; "sosténganse en sus golpeadas rodillas".[7]

Desde luego, el comportamiento de Israel, es el ejemplo clásico de la parálisis producida por la desesperanza. Después de experimentar una liberación gloriosa de Egipto en la cual Dios sometió por completo a sus enemigos y se mostró fuerte en todo momento, los israelitas se sintieron intimidados por completo cuando se enfrentaron a los gigantes de Canaán. Esperaban ver a Dios tratar con los cananitas de la misma manera en que trató con los egipcios, sin que ellos tuvieran que luchar en lo absoluto. Cuando aquello no ocurrió, la esperanza que se demora comenzó su labor paralizadora y erosionó la confianza en los corazones de los israelitas.

El siguiente paso fue predecible e Israel hizo lo que

muchos de nosotros hacemos. Con mucha frecuencia, conforme la confianza se erosiona, comenzamos a exagerar el poder de nuestros enemigos, hasta pensar que está más allá de nuestras fuerzas y habilidades; y, aunque no queramos admitirlo, incluso que está sobre las de Dios. La esperanza que se demora distorsiona nuestra visión. Mirar a nuestros enemigos a través de la esperanza que se demora es como mirarlos a través de una lente de aumento: "Éramos nosotros, a nuestro parecer, como langostas", dijeron los espías israelitas (Números 13:33).

Por lo común, las reacciones exageradas son lo que sigue. En una ocasión, Mark Twain dijo: "Soy un hombre viejo y supe de muchos y grandes problemas, pero la mayoría de ellos nunca ocurrieron."[8] ¡Que cierto es esto! Cuando el miedo echa raíces, no actuamos con confianza; por el contrario, comenzamos a reaccionar de forma exagerada hacia la situación en la cual nos encontramos, como los israelitas lo hicieron:

> Entonces toda la congregación gritó, y dio voces; y el pueblo lloró aquella noche. Y se quejaron contra Moisés y contra Aarón todos los hijos de Israel; y les dijo toda la multitud: ¡Ojalá muriéramos en la tierra de Egipto; o en este desierto ojalá muriéramos! ¿Y por qué nos trae Jehová a esta tierra para caer a espada, y que nuestras mujeres y nuestros niños sean por presa? ¿No nos sería mejor volvernos a Egipto?

> Y decían el uno al otro: Designemos un capitán, y volvámonos a Egipto.
>
> *Números 14:1-4*

Seguro estoy de que usted se ha encontrado en esas circunstancias. También yo. Ha habido ocasiones en las cuales me sorprende lo rápido que puedo llegar de la cumbre de la victoria y la fe hasta un valle de profunda desesperación desde el cual me pregunto cómo podré superar mi situación. Cuando esto ocurre, en vez de escuchar la instrucción del Señor y actuar con valentía, me veo amilanado frente a la adversidad. Si no detengo este proceso, los gigantes crecen cada vez más mientras mi fe disminuye. Y la esclavitud en Egipto me parece más fácil, que conquistar a mis gigantes.

Y debemos recordar que el gigante al cual nos enfrentemos siempre nos parecerá que es el mayor. ¿Qué debemos hacer en vez de acobardarnos frente a estos g*oliats* que matan la esperanza? Niéguese a ser una víctima desesperada. El presidente de los Estados Unidos, John F. Kennedy, lo hizo en su enfrentamiento con Rusia en 1962: "Krushchev me recuerda al cazador que ha escogido un lugar para colocar la piel del tigre mucho antes de haberlo atrapado; pero este tigre tiene otras ideas."[9] Thomas Edison también se negó a convertirse en una víctima:

> En diciembre de 1914, un enorme fuego destruyó los laboratorios de Edison, en West Orange, Nueva Jersey, acabando con dos millones de dólares de costoso equipo y con lo acumulado en

gran parte del trabajo de su vida.

El hijo de Edison, Charles, corría frenéticamente para encontrar a su padre. Al fin, lo encontró de pie cerca del fuego, con el rostro rojizo por el reflejo y su cabello blanco movido por el viento del invierno. Charles Edison dijo: "Me dolió verlo, ya no era joven y todo se había destruido. Él me miró y gritó '¿Dónde está tu madre? Encuéntrala y tráela, nunca verá algo así en toda su vida.'"

La mañana siguiente, mientras caminaba entre los restos carbonizados de muchos de sus sueños y esperanzas, Edison, de 67 años, dijo: *"Hay un gran valor en el desastre, todos nuestros errores se queman. Gracias a Dios que podemos comenzar de nuevo."*[10]

No se puede vencer a un hombre o a una mujer con una esperanza tan fuerte. Para ellos, Dios siempre será más grande que sus gigantes. Jeremías, al mirar las ruinas ardientes de Jerusalén, afirmó prácticamente lo mismo, en el libro de las Lamentaciones. Aunque se lamentó, como lo sugiere el título del libro, lo hizo con esperanza:

> Esto recapacitaré en mi corazón, por lo tanto esperaré. Por la misericordia de Jehová no hemos sido consumidos, porque nunca decayeron sus misericordias. Nuevas son cada mañana; grande es tu fidelidad. Mi porción es Jehová, dijo mi alma; por tanto, en él esperaré (3:21-24).

Respuestas como esta parecen ser contrarias a la cordura humana, y ciertamente lo son, pero revelan la naturaleza paradójica de una confianza irreprimible en Dios, una esperanza contra esperanza, un gozo inefable y una paz que sobrepasa todo entendimiento (véase Romanos 4:18; Filipenses 4:7; 1 Pedro 1:8).

Otro tormento del corazón que la esperanza que se demora crea en nosotros es el *vivir de forma religiosa, sin ningún poder*. La Biblia habla de quienes aparentan piedad pero niegan la eficacia de esta (véase 2 Timoteo 3:5). Los fariseos eran religiosos, realizaban las labores religiosas, haciéndolo todo en apariencia, perdiendo la realidad de la experiencia. Jesús les habló estas palabras: "Erráis, ignorando las Escrituras y el poder de Dios" (Mateo 22:29). La religiosidad es conocer las palabras correctas para decir (hasta citar textualmente las Escrituras), saber cómo verse y cómo actuar el cristianismo, al menos en el sentido de la apariencia, pero no experimentar; o experimentar muy poco de la vida genuina, de la paz, el gozo, y de la fe en su interior.

Jesús dijo de la iglesia de Sardis, en Apocalipsis 3:1-2: "Tienes nombre de que vives, y estás muerto. Sé vigilante, y afirma las otras cosas que están para morir; porque no he hallado tus obras perfectas delante de Dios." Me parece interesante que la reputación de esta iglesia aún estaba intacta. Tenían nombre de estar vivos, lo cual significaba, en otras palabras, que para el resto del Cuerpo de Cristo era la de una iglesia viva, quizás hasta la de una iglesia ferviente. Con frecuencia podemos engañar a los demás con nuestra religiosidad, pero no podemos engañar a Dios. Jesús era capaz de mirar dentro de sus corazones y discernir que, aunque hacían todo lo correcto, actuaban de manera adecuada, y realizaban toda la rutina apropiada del cristianismo, en su interior estaban muriendo. ¡Que pensamiento más serio!

Zacarías, el padre de Juan el Bautista, era un hombre religioso, víctima de la esperanza que se demora. Él era un sacerdote del Señor: "Ambos [Zacarías y Elizabet] eran justos delante de Dios, y andaban irreprensibles en todos los mandamientos y ordenanzas del Señor" (Lucas 1:6). Sin embargo, cuando un ángel se le apareció mientras estaba en el templo, realizando la ofrenda de incienso y le dijo que él y Elizabet tendrían un hijo, no pudo creerlo. ¿Por qué? Porque la esperanza que se demora se había arraigado. Zacarías aún podía realizar su obligación religiosa, pero como Elizabet era estéril y ambos eran viejos, no pudo reaccionar con fe ante la visita del ángel y a una promesa llena de esperanza que contradecía la experiencia de la esperanza que se demora con la cual había vivido hasta ese entonces.

¡Cuántas veces somos como Zacarías! Tal vez no hemos huido de Dios y quizás estamos en el "templo" o en un servicio a la iglesia "actuando" como cristianos. Puede ser que hasta adoremos con fidelidad, presentando nuestra forma de ofrenda de incienso hacia Él; pero, si somos honestos, muchos de nosotros tenemos áreas en las cuales la esperanza que se demora ha eliminado nuestra habilidad de creer en que podemos salir de la situación. En ésa área de nuestro caminar con Dios, estamos siendo meramente religiosos; realizando las acciones, pero a la vez negando el poder de Dios.

¡Qué advertencia más apropiada para todos nosotros! Quizá no haya un cristiano vivo que no haya experimentado esto en alguna forma. Como el hombre cojo en el estanque de Betesda, estamos ahí todos los días, pero en realidad no tenemos ninguna esperanza en nuestro interior (véase Juan 5:7). Cuando la esperanza que se demora envenena el corazón; seguimos pidiendo, pero en realidad no tenemos la fe de que recibiremos; imponemos manos sobre el enfermo, pero en realidad no esperamos que se recupere; oramos por avivamiento, pero dudamos de que en realidad ocurrirá; levantamos nuestras manos en adoración las mañanas de domingo, pero nuestros corazones están fríos y pensamos poco en las cosas de Dios el resto de la semana.

Si lo decimos en forma sencilla: si la esperanza que se demora no provoca que huyamos de Dios, tiene el potencial de hacer que seamos nada más personas religiosas, tanto en nuestra manera de actuar como en nuestra relación con Él. Nos hace tener un cristianismo vestido con ropas religiosas, pero sin fe y quizás hasta sin vida; y sin embargo, se parece al verdadero.

Si usted se encuentra en este estado, no ceda ante la condenación y no se rinda. Este es un libro acerca de cómo superar la esperanza que se demora, no de cómo rendirse ante ella. Siempre hay una forma de obtener la victoria en Dios. Antes de terminar este libro su corazón podrá estar mejor. ¡Persevere! Usted es un vencedor en la parte más profunda de su "ADN" espiritual, "porque todo lo que es nacido de Dios vence al mundo; y esta es la victoria que ha vencido al mundo, nuestra fe" (1 Juan 5:4).

La última de las cinco consecuencias de la esperanza que se demora, de la cual no quiero decir mucho, es una consecuencia extrema. Usted no se encuentra en ella, porque de estarlo, no estaría leyendo este libro. Sin embargo, al menos debe mencionarse este resultado extremo como una advertencia de lo que puede suceder. Judas, quien tenía un caso terminal de esperanza que se demora, es el mejor ejemplo de *correr junto con los enemigos de Dios.* Este comportamiento da como resultado negar a Dios y alejarse por completo de Él.

Judas creía que el Mesías derrocaría al gobierno romano y establecería su propio trono en la tierra (y por cierto, todos los discípulos pensaron lo mismo) y se desilusionó mucho cuando vio que Jesús no iba a hacerlo. La esperanza que se demora se estableció en su vida, envenenando su corazón, hasta que se volvió un traidor que conspiraba junto con los enemigos de Cristo.

Sin duda este es un resultado extremo de la esperanza que se demora, pero es algo de cuya existencia todos debemos estar concientes. Si permitimos que esta desesperanza genere amargura hacia el Señor, entonces corremos el riesgo de alejarnos por completo de Él.

Si usted sufre de cualquier nivel de esperanza que se demora y de un corazón atormentado, no se rinda y no tema. En el libro *The Ten Laws of Lasting Love (Las diez reglas del amor duradero)*, Paul Pearsall relata una ocasión de su lucha contra el cáncer en la cual él y su esposa debían superar un ataque feroz de esperanza que se demora.

En cualquier ocasión en que un doctor llegaba con noticias sobre mi progreso, mi esposa se unía conmigo en un abrazo. Durante las primeras etapas de la enfermedad, las noticias rara vez fueron buenas, mas un día las que trajo el doctor fueron particularmente atemorizadoras. Mirando a su carpeta, murmuró:

—No me parece que vaya a lograrlo.

Antes de que yo pudiera hacer una pregunta a este mensajero de la perdición, mi esposa se levantó, me entregó mi bata, ajustó los tubos sujetados a mi cuerpo y dijo:

—Salgamos de aquí, este hombre es un riesgo para tu salud.

Mientras me ayudaba a pasar por la puerta, el doctor se nos acercó.

—Aléjese –le pidió mi esposa.

Mientras caminábamos juntos por el pasillo, el doctor intentó alcanzarnos.

—Sigue –me dijo mi esposa, empujando el soporte de las intravenosas–. Hablaremos con alguien que en verdad sepa lo que ocurre.

Entonces levantó su mano hacia el doctor.

—No se acerque más a nosotros.

Los dos nos movimos como uno y huimos a la seguridad y a la esperanza de un médico que no confundiera un diagnóstico con un veredicto.[11]

¡No confunda un diagnóstico con un veredicto! Niéguese a escuchar a la desesperanza. Usted puede estar sufriendo los efectos de la esperanza que se demora, pero se recuperará. Tenga la actitud del ave en medio de una tormenta, que "se aferraba a la rama de un árbol, tranquila y sin miedo. Mientras el viento sacudía las ramas, el pájaro seguía mirando de frente a la tormenta, como diciendo: Lánzame de la rama, aún tengo alas."[12]

¡Usted tiene alas, puede volar; y lo hará!

Capítulo 3

Aún queda música en usted

Un frío día de otoño, el granjero observó a una pequeña paloma que estaba tirada de espaldas en medio del campo. El granjero dejó de arar, miró a la frágil criatura emplumada y le preguntó:

—¿Por qué estas acostada de esa forma?

—Escuché que hoy el cielo se va a caer –respondió el ave.

El viejo granjero se rió.

—¿Y se supone que vas a detenerlo con tus patitas tan débiles y larguiruchas?

—Uno debe hacer lo que pueda –respondió la valiente paloma. 1

Siempre me sorprende la manera en la cual Dios usa a pequeños humanos débiles y larguiruchos para que las cosas sucedan. El apóstol Pablo lo entendía. Decía que el poder de Dios "se perfecciona en la debilidad" (2 Corintios 12:9). Gedeón también lo entendía. Él y 300 soldados se enfrentaron a un ejército de 135,000, usando antorchas y cántaros como armas (véase Jueces 6-8). Yo llamaría a eso un pequeño y débil ejército. Me recuerda la frase que describe a Abraham en Romanos 4:18: "El creyó en esperanza contra esperanza".

Si entiendo correctamente esa frase, significa que cuando

no había absolutamente ninguna esperanza, Abraham la tuvo. Zodhiates dice que significa "a pesar de" o "sin ningún motivo para tener esperanza".[2] Sin ningún motivo para tener esperanza, a pesar de lo imposible de la situación, Abraham tuvo esperanza. Es una de esas situaciones en la Biblia en las cuales Dios interviene. Los siguientes son otros dos ejemplos:

> Vosotros pensasteis mal contra mí [José], *mas Dios* lo encaminó a bien, para hacer lo que vemos hoy, para mantener en vida a mucho pueblo.
>
> *Génesis 50:20, énfasis añadido*

> Y teniendo gran sed, clamó luego a Jehová, y dijo: Tú has dado esta grande salvación por mano de tu siervo; ¿y moriré yo ahora de sed, y caeré en mano de los incircuncisos? *Entonces abrió Dios* la cuenca que hay en Lehi; y salió de allí agua, y él bebió, y recobró su espíritu, y se reanimó. Por esto llamó el nombre de aquel lugar, En-hacore, el cual está en Lehi, hasta hoy.
>
> *Jueces 15:18-19, énfasis añadido*

El punto es que, en ocasiones, no existe ninguna esperanza ni sirve habilidad humana para ciertas situaciones, ¡*mas Dios,* interviene! Eso es lo que Él quiere hacer en la vida de usted: entrar en su situación desesperada e invadir su mundo de esperanzas que se demoran. En este capítulo comenzaremos a facilitar ese proceso, así que, como Abraham, avance y atrévase a creer en esperanza contra esperanza; después de todo,

¿no es eso la fe?, ¿creer en algo que no se puede ver o que parece no existir?

> Se cuenta en Londres la historia de un hombre desanimado, que estaba en camino rumbo a suicidarse en el río. En ese momento, para él la vida no parecía valer la pena. Caminando por la calle, se detuvo y miró una pintura en el aparador de una tienda; era *"Hope" (Esperanza)* de Watt. El cuadro es la imagen de una mujer con una venda en los ojos sentada encima del mundo, con una lira que tiene una sola cuerda; sin embargo, esta mujer aún espera y cree que el instrumento producirá música, está lista para tocarlo.
>
> El hombre, desconcertado, se dijo mientras la miraba: "Bien, yo también tengo una cuerda: tengo un niño pequeño en casa". Dio media vuelta y regresó a casa con su muchacho.
>
> Cuando sentimos que en la vida ya no nos queda nada, debemos hacer un inventario. Siempre encontraremos que nos queda algo. Siempre nos queda Dios. Esta es la manera en que se sentía Habacuc. Podrían haber quitado el rebaño del corral, podría no haber frutos en las vides, las colinas podrían estar áridas, pero él tenía a Dios. La música aún era posible (véase Habacuc 3:17-19).[3]

¡Aún queda música en usted! Sé que usted puede tocar la canción de la esperanza, aún en la noche oscura de su alma.

Job, en su horrible sufrimiento, dijo que Dios "da cánticos en la noche" (Job 35:10). Durante el tiempo que vivió en exilio, David dijo: "De noche su cántico estará conmigo" (Salmos 42:8). Pablo y Silas, golpeados, sangrantes y encadenados "a medianoche (...) cantaban himnos a Dios" (Hechos 16:25). Hay esperanza en la noche y aún queda música en algún lugar de su alma, no se rinda.

De regreso a la historia de Gedeón y su pequeño y débil ejército, ¡hay una sanidad de la esperanza que se demora en esta historia! Por los pecados de Israel, los madianitas los oprimían. En ocasiones, nosotros somos los responsables de la esperanza que se demora que oprime nuestras vidas; en otras, somos víctimas. Claramente, los israelitas habían provocado esta situación. Pero Dios es un Dios de gran misericordia y estaba a punto de liberarlos.

Como lo hace con frecuencia, Dios eligió como su instrumento a una persona que parecía no ser la indicada para la tarea. Ciertamente, Gedeón no era un hombre de gran fe o esperanza en ese momento de su vida. De hecho, cuando el Señor lo llamó varón esforzado y valiente (véase Jueces 6:12), la esperanza que se demora de Gedeón se volvió obvia. Su respuesta estaba llena de incredulidad y hasta escepticismo.

> Ah, señor mío, *si* Jehová está con nosotros, *¿por qué* nos ha sobrevenido todo esto? ¿Y *dónde* están todas sus maravillas, que nuestros padres nos han contado, diciendo: ¿No nos sacó Jehová de Egipto? Y ahora *Jehová nos ha desamparado*, y nos

ha entregado en mano de los madianitas.
Jueces 6:13, énfasis añadido

La condición de Gedeón y del pueblo de Israel, su esperanza que se demora y el tormento en sus corazones, avanzó hasta el punto en el cual, en su mayoría, dejaron de adorar a Jehová y servían a los dioses falsos Asera y Baal. ¿Acaso no es esta situación típica de muchos de nosotros? Quizá no hagamos ídolos en el sentido literal de la palabra, como Israel lo hizo, pero con frecuencia titubeamos en nuestra devoción a Dios; y en cambio, comenzamos a colocar nuestra confianza en otras cosas, como en nosotros mismos, en otras personas, en el dinero, el gobierno, las drogas, el alcohol, los placeres, el éxito, y hasta en otras religiones.

Sin embargo, note la hermosa respuesta del Señor a la condición que infestaba a Gedeón y a los israelitas. Dios estaba a punto de revelárseles de una manera diferente: como el Dios que sana la esperanza que se demora. Gedeón decidió ofrecer un sacrificio a su visitante angélico. Mientras lo hacía, surgió fuego de la roca sobre la cual había colocado su ofrenda, y la consumió. Desde luego, Gedeón estaba aterrado por esta sorprendente muestra de poder, pero el ángel le dijo: "Paz [*Salom*] a ti" (Jueces 6:23).

La mayoría de nosotros tenemos un entendimiento muy limitado de esta palabra que se tradujo como "paz". Aunque en efecto quiere decir paz en el sentido en el que por lo general usamos la palabra, incluye muchas más cosas. El concepto básico que contiene esta palabra es llenura o plenitud. Como

Zodhiates dice: "Es una sensación de bienestar (...) de estar ileso y sin daño (...) expresa plenitud, armonía y realización".[4]

Lo que el ángel del Señor le dijo literalmente a Gedeón fue: "Penitud a ti, Gedeón". Mientras que, sin duda, el ángel intentaba calmar el miedo temporal e inmediato de Gedeón hacia él, también creo que le llevaba sanidad y alivio en un sentido general. La experiencia conmovió tanto a Gedeón que construyó un altar para el Señor llamado Jehová-Salom, el cual se volvió uno de los nombres redentores comunes del Señor, significa "El Señor de nuestra plenitud". No creo que esto haya ocurrido solo para conmemorar una palabra de consuelo para un momento breve.

La esperanza que se demora se fue de Gedeón. La presencia santa y maravillosa de Dios lo sanó. Dios también quiere hacer lo mismo en usted, Él quiere visitarlo en su estado de esperanza que se demora, Él quiere invadir su inseguro mundo de dolor, desesperación y desilusión, trayendo fuego de Su altar y hablando a usted una palabra de plenitud. Podría venir a través de un sermón, de un amigo, de las Escrituras o de la tranquila voz del Señor en su corazón; pero de esto puede estar seguro: Dios tiene una palabra de sanidad para usted. Para Sherry, en la siguiente historia, llegó de una manera inusual.

> Sherry se encontraba de visita en una ciudad y vio un atardecer de gloriosa belleza. Quería compartirlo con alguien, así que le pidió a la empleada de una tienda cercana, simplemente, que saliera.

Confundida, por razones obvias, la mujer la siguió hacia fuera.

—¡Mire esa puesta de sol! –dijo Sherry–. Dios está en Su cielo y todo está bien en el mundo. Después de disfrutar de la belleza por un momento, la empleada regresó a la tienda y Sherry se fue.

Cuatro años después, Sherry acababa de divorciarse, estaba sola por primera vez, había venido a menos y se sentía muy desanimada. Leyó un artículo en una revista acerca de una mujer que se encontraba en circunstancias similares, la cual se había enfrentado al final de su matrimonio, se había mudado a una comunidad extraña, tenía un trabajo que no le gustaba y se encontraba en medio de una lucha, cuando algo le ocurrió: una mujer llegó a su tienda y le pidió que saliera. La extraña señaló hacia la puesta del sol y le dijo: "Dios está en Su cielo y todo está bien en el mundo". Dándose cuenta de la verdad de esa afirmación, la mujer dio un giro completo a su vida.

La perspectiva de Sherry también cambió, el regalo de la esperanza cerró un círculo.[5]

Dios sabe lo que cada uno de nosotros necesita oír y cuándo debemos oírlo; siga escuchando.

La palabra de sanidad de Sherry en verdad llegó de una

manera muy inusual y a través de un conducto mucho más sorprendente: ella misma. Dios sabe lo que cada uno de nosotros necesita oír y cuándo debemos oírlo; siga escuchando. Tal y como les habló a Sherry y a Gedeón, Él le hablará a usted.

En este punto de la historia de Gedeón, cuando llegó el ofrecimiento de plenitud, él debía tomar una decisión. Nosotros también tendremos que hacerlo. Gedeón pudo haber detenido el proceso en ese mismo lugar, diciendo: "No estoy listo para esto". Pudo haber permitido que las frustraciones de su pasado, sus dolores, sus miedos y su corazón atormentado le impidieran progresar hacia la esperanza. Él enfrentó un punto de crisis al que todos llegamos en el proceso de sanar de la esperanza que se demora: elegir la vida o elegir la muerte.

La esperanza es una decisión que debe tomarse. Experimentar esperanza que se demora no requiere de una elección. El dolor y la decepción son hechos de la vida, pero la *sanidad* sí la requiere. *Escoger de nuevo la esperanza es el primer paso hacia la sanidad.*

Wilma Rudolph, tres veces medallista de oro en las olimpiadas de 1960 y conocida en alguna ocasión como la corredora más rápida del mundo, cuenta: "Los doctores me dijeron que nunca caminaría de nuevo, pero mi madre me dijo que sí lo haría, así que le creí a ella."[6] Wilma, tuvo un nacimiento prematuro en una familia muy pobre. Era la hija número veinte de veintidós hermanos, y no se le permitía recibir atención médica en el hospital local de blancos.

Durante los siguientes años a su nacimiento, su madre cuidó de ella en múltiples enfermedades. Cuando Wilma contrajo la polio, su madre la llevó dos veces por semana a la única instalación médica que la trataría, la cual se encontraba a ochenta kilómetros de su casa. La vida de Wilma Rudolph es una historia de logros en contra de todas las probabilidades, pero su historia comenzó con las elecciones correctas.[7]

Como esta campeona olímpica, nosotros debemos escoger tener esperanza. Me doy cuenta de que saber esto es una responsabilidad para nosotros, pero también nos trae una verdad increíblemente liberadora. La sanidad (librarse de la esperanza que se demora) es una decisión que puede tomarse. Las Escrituras están llenas de afirmaciones que nos hacen saber que tenemos el poder de elegir y de escoger la vida sobre la muerte. El Señor les dijo a los israelitas: "Escoge, pues, la vida" (véase Deuteronomio 30:19). Nosotros escogemos cómo responderemos a las circunstancias devastadoras, como podemos verlo en la historia siguiente:

> William Carey, el "padre de las misiones modernas", quería traducir la Biblia a tantas lenguas indígenas como le fuera posible. A principios de 1832, su socio descubrió unas llamas que devoraban el taller, y aunque los trabajadores lucharon contra el fuego, todo se destruyó.
>
> Al día siguiente, otro misionero viajó a donde se encontraba Carey.
>
> —No puedo pensar en una manera más fácil de

darte la noticia –dijo–. Anoche el taller se quemó hasta los cimientos.

Carey estaba impactado. Toda su biblioteca se había perdido, incluyendo diccionarios, libros de gramática y Biblias, así como composiciones tipográficas en catorce idiomas.

—El trabajo de años, desapareció en un momento –murmuró.

Se tomó algo de tiempo para dolerse. Y después escribió: "la pérdida es dura, pero no estamos desanimados; en efecto, el trabajo ya comenzó de nuevo en todos los idiomas. Estamos *abatidos pero no desesperados.*"

Las noticias del fuego llevaron a Carey a la fama instantánea en Inglaterra. Y gracias a eso, se levantaron fondos y se ofrecieron voluntarios para ayudar. A fines de 1832, ya se habían publicado porciones de las Escrituras, y hasta Biblias completas, en cuarenta y cuatro idiomas y dialectos.

El secreto del éxito de Carey se encontró en su capacidad de recuperarse. En una ocasión escribió: "Hay dificultades graves en este momento y más se avecinan, por ello, debemos ir hacia delante."[8]

William Carey tomó la elección correcta, miró de frente a la adversidad y la carencia y dijo: "Hay un cántico en esta noche". Usted puede hacer lo mismo, no espere un momento más. ¡Hágalo *ahora*! Usted no debe sentirse bien para tener esperanza, debe tener esperanza para sentirse bien.

Derribe todo miedo, todo muro que haya edificado para proteger su corazón, toda área en la cual haya decidido no confiar en Dios

---

En esta parte del proceso de Gedeón (véase Jueces 6:25-27), se le pidió que hiciera algo más que sellar su sanidad y estar preparado para liberar al resto de su pueblo. Israel se había vuelto idólatra, y el altar de la aldea construido para Baal y Asera se encontraba en el propio patio trasero de Gedeón. Baal era el dios de la fertilidad, de la lluvia (por ello, de la vegetación), del sol y de la guerra.[9] Asera era una diosa que se asociaba con la pasión y el mar. De acuerdo a muchos, ella era la esposa del dios El, y la madre de Baal.[10]

Israel había cambiado su confianza, de Jehová a estos dioses, adorándolos para recibir los beneficios que creían que podían brindarles. En esencia, los israelitas le decían: "Ya que no nos ayudaste, Jehová, pondremos nuestra fe en Baal y en Asera".

Dios le dijo a Gedeón que derribara los altares construidos a estos dioses falsos. Con esta instrucción le mostraba a Gedeón que para estar en verdad completo y para que liberara a Israel, su fe y su confianza deberían regresar a Él. Gedeón obedeció, aunque lo hizo en medio de la noche, pues temía al resto del pueblo. La esperanza y la fe no necesitan operar al máximo para que nos movamos en la dirección correcta. Debemos comenzar con lo que tenemos y, como Gedeón, *una parte de nuestro proceso de sanidad consiste en derribar y aniquilar cualquier cosa que no sea Dios en la cual hayamos puesto nuestra confianza.* Cualquier cosa ante la cual nos inclinemos, cualquier cosa que hayamos permitido que controle nuestra vida, puede clasificarse como un ídolo. Muchas personas se han inclinado ante el miedo, la incredulidad, la inseguridad, las heridas del pasado, el rechazo, la desesperanza, la amargura y toda una hueste de otras cosas.

Usted debe derribar todo miedo, todo muro que haya edificado para proteger su corazón, toda área en la que haya decidido no confiar en Dios (aunque sea de manera inconsciente). Destruya por fe, en este momento, toda decisión sutil de no creer, todo testimonio de decepción que exista en su corazón; debe hacerlo para que Dios se vuelva Jehová-Salom en usted.

El siguiente suceso en la historia de Gedeón es tan hermoso que casi es demasiado bueno para ser cierto. El Señor mandó a Gedeón que usara la madera de los altares para Baal y Asera para hacer un fuego sobre el cual le ofrecería un sacrificio. Él no dijo que quemara los altares idólatras y que *después* le ofreciera un sacrificio, *por favor ponga atención a esto*, Él le demostraba a Gedeón, así como a nosotros: "No voy a desechar, tu pecado, dolor, desilusión ni desesperanza, pretendo destruirlos; pero en el proceso, planeo usarlos como parte de tu transformación. Ofrécemelos como leña y permite que, al librarte de ellos, se encienda un nuevo fuego de adoración hacia mí".

Sí, imagínelo, ¡Dios usando hasta nuestros ídolos! ¿Demasiado bueno para ser verdad? No, Dios quiere usar nuestros errores y fallas, transformándolos en altares de adoración. Él vence el mal con el bien y hasta hace que la ira del hombre lo alabe (véase Romanos 12:21; Salmos 76:10).

Por eso, resista la condenación y la vergüenza. "Ninguna condenación hay para los que están en Cristo Jesús" (Romanos 8:1). Vendrá un tiempo cuando tendremos que creer que Dios no solo es más grande que nuestras heridas, sino que también es mayor que nuestra incredulidad y nuestros errores; incluso es mayor que aquellas cosas que nosotros mismos hemos provocado. Las Escrituras están llenas de ejemplos de personas que han cometido errores muy serios y aun así Dios fue capaz de redimirlos y sanarlos. Debemos darnos cuenta de que Dios es misericordioso y es capaz de librarnos hasta del dolor que traemos sobre nosotros mismos. Él vino para amar y sanar a los pecadores, no solo a los justos.

Jesús aceptó el título de "Hijo de David", aunque eso lo convertía en hijo de un adúltero y asesino. Abraham cometió algunos errores muy graves y sin embargo, al final su vida se le llamó amigo de Dios. Los discípulos abandonaron a Jesús en Su hora de mayor necesidad y aun así, tiempo después se volvieron los líderes del nuevo movimiento llamado La Iglesia. Pedro negó al Señor con una maldición, pero tan solo algunos días después, fue usado para sanar a un cojo y para predicar un sermón que hizo que 3,000 personas nacieran de nuevo. Dios puede redimirnos de nuestro pasado, y lo hace.

En ocasiones nos referimos a nuestros momentos difíciles, como los que Gedeón e Israel experimentaron, como temporadas de invierno. Las aguas del Espíritu Santo de Dios, en Ezequiel 47, las cuales producen vida y sanidad a dondequiera que vayan, también se asocian con las temporadas de invierno. La palabra que se traduce como "aguas" en este pasaje es *nacal,* que significa "corriente, en especial, un torrente invernal".[11] Algunos ríos y arroyos se secan durante momentos específicos del año, pero se llenan cuando hay lluvia o, como en este caso, cuando el deshielo de la primavera derrite la nieve y el hielo de las montañas. Se forman pequeños riachuelos que se unen para formar arroyos y finalmente convertirse en *nacalim* (ríos). Aunque las "aguas invernales" de Ezequiel comenzaron como solo unas gotas, en el versículo 1, al final, en el versículo 5, se volvieron un río poderoso que no se podía cruzar.

El cambio de las estaciones es una imagen poderosa y consoladora del Dios que usa la nieve y el hielo de nuestros inviernos espirituales para traer hacia nosotros grandes flujos de Su Espíritu en la siguiente estación.

La estación cambia:

- Para los confundidos y desilusionados;
- para aquellos cuyo corazón sufre el dolor de una pérdida;
- para el soldado fiel, pero cansado, cuyo río está seco;
- para quienes han perdido su primer amor;
- para quienes tienen el corazón atormentado por la

esperanza que se demora, como el de Gedeón.

Sí, la estación está cambiando; es momento de que la primavera traiga el deshielo. El invierno no dura para siempre: Dios está listo para que el fuego de Su presencia consuma el sacrificio y derrita el hielo y la nieve de su invierno. El río fluirá *hacia* usted y en algunas ocasiones, *a través* de usted. La esperanza que se demora terminará, la desesperación cederá cuando Él ordene: "¡Plenitud a ti!" Se levantará la opresión y el gozo regresará.

Un pasaje del Cantar de los Cantares se aplica para todas las víctimas de la esperanza que se demora:

> Mi amado habló, y me dijo: levántate, oh amiga mía, hermosa mía, y ven. Porque he aquí ha pasado el invierno, se ha mudado, la lluvia se fue; se han mostrado las flores en la tierra, el tiempo de la canción ha venido, y en nuestro país se ha oído la voz de la tórtola. La higuera ha echado sus higos, y las vides en cierne dieron olor; levántate, oh amiga mía, hermosa mía, y ven (2:10-13).

Un pecador que padecía de esperanza que se demora, llamado David, que acababa de cometer adulterio y homicidio, escribió el Salmo 51: "Crea en mí, oh Dios, un corazón limpio, y renueva un espíritu recto dentro de mí. Vuélveme el gozo de tu salvación, y espíritu noble me sustente" (versículos 10 y 12). Dios está listo para hacer lo mismo en cada uno de nosotros.

No se vuelva un adorador de Baal, conviértase en un vencedor de Baal. El nombre de Gedeón cambió al de Jerobaal, que significa "contienda Baal contra él" [nota del traductor: en la versión en inglés de la Biblia usada por el autor, se traduce el significado del nombre Jerobaal como: *"Baal conqueror"* que significa *vencedor de Baal*] después de haber destruido su altar (véase Jueces 7:1). Ese también es el destino de usted, conquistar todo ídolo, someter todo miedo y recibir la sanidad de la esperanza que se demora.

Un versículo glorioso en la epístola de los Romanos resume la hermosa verdad de que Dios quiere tomar el dolor, las heridas, y la maldad de nuestras vidas para obrar un bien con ellas. Este es uno de los versículos más conocidos de la Biblia entera: "Y sabemos que a los que aman a Dios, todas las cosas les ayudan a bien, esto es, a los que conforme a su propósito son llamados" (8:28).

Este versículo lleno de esperanza contiene dos palabras griegas en las cuales quiero hacer énfasis. En la frase "todas las cosas" se usa la palabra griega *sunergeo,* de la cual obtenemos las hermosas palabras sinergia y sinergismo. Sinergismo es "la acción combinada de dos o más partes que tiene un efecto total mayor que el de la suma de sus efectos individuales."[12] Dios promete que tomará todo lo malo, toda la maldad, todo intento del enemigo para destruir nuestra fe (incluso, nuestra vida) y; a través de su milagroso poder, usarlo todo para generar algo bueno. En otras palabras, dolor *mas* desesperación, *mas* dificultad, *mas* desesperación *mas,* devastación, *mas* pérdida, *igual a* bien. ¡Increíble, pero así es

Dios! Esta verdad, por sí sola tiene el poder de sanarlo de la esperanza que se demora.

> Cuando el cocinero de un centro cristiano de conferencias recibió un cumplido por sus panecillos caseros, le dijo al doctor Harry Ironside: "Sólo considere lo que se necesita para hacerlos. La harina por sí sola no sabe bien, tampoco el polvo para hornear, ni la manteca, ni los demás ingredientes; sin embargo, cuando los mezclo todos y los coloco en el horno, resultan justo como deben estar."
>
> Hay mucho en la vida que parece insípido o hasta malo, pero Dios es capaz de combinar los ingredientes de nuestra vida de tal manera que resulte algo bueno.[13]

Y por cierto, Él no solo hace que las cosas sean simplemente "buenas" ¡hace que sean *agatos*! Si se hubiera usado la palabra griega *kalos* habría querido decir "de una estructura o composición buena", algo bien hecho que quizá se vea bien, pero que puede no tener ningún propósito práctico. Sin embargo, la palabra que se usa en Romanos 8:28 es *agatos*, que significa "bueno y provechoso; útil; benéfico".[14]

El Señor no se refiere a un trabajo de sinergia, con el cual "se pone la mejor cara" o se dice: "está bien", como manifestando sólo una expresión superficial o aparentando que todo esta bien, cuando en el interior aún estamos lisiados. ¡Desde luego que no! Él promete que hará una transformación tal, que todo lo malo que haya en nuestras vidas será cambiado a buenos frutos, a buenas obras, útiles y provechosas.

En cierta medida es parecido a un embarazo. Muy pocos, si es que algunos de los cambios que ocurren en el cuerpo femenino durante el embarazo, pudieran describirse como buenos; pero ¡cuánta es la belleza de lo que está creciendo en su interior y que algún día surgirá para ser visto! La siguiente ilustración retrata la esencia de lo que decimos:

> En el instante cuando una mujer se entera que está embarazada, vive cada momento con la expectativa del nacimiento. Después de un tiempo, no puede dar un paso, hacer un movimiento ni pensar en algo que no esté relacionado con el nacimiento de su hijo.
>
> En los Estados Unidos se supone que las personas deben ignorar el hecho obvio de que una mujer está encinta. En Francia, el caso es bastante diferente. Si un hombre es presentado con una mujer que espera un hijo, la cumbre de la educación es que la felicite: "*Je vous felicite de votre esperance*" (La felicito por su esperanza); la cual es una frase común entre los cultos.[15]

Con lo que ha leído hasta aquí, sé que se está desprendiendo de la esperanza que se demora, su corazón está recibiendo sanidad y usted comienza a estar *preñado* de esperanza ¡Felicidades!

Capítulo 4

Dígale a su corazón que palpite de nuevo

EN SU LIBRO *Lee: The Last Years* (LEE: LOS ÚLTIMOS AÑOS), CHARLES BRACELEN FLOOD, RELATA QUE DESPUÉS DE LA GUERRA CIVIL ESTADOUNIDENSE, ROBERT E. LEE, VISITÓ A UNA DAMA DE KENTUCKY, QUIEN LO LLEVÓ FRENTE A LOS RESTOS DE UN ÁRBOL GRANDE Y VIEJO QUE SE ENCONTRABA FRENTE A SU CASA. AHÍ, ELLA LLORÓ AMARGAMENTE DICIÉNDOLE QUE LA ARTILLERÍA DE LA UNIÓN HABÍA DESTRUIDO SU TRONCO Y SUS RAMAS. LA MUJER MIRÓ HACIA LEE PARA RECIBIR ALGUNA PALABRA DE CONDENACIÓN EN CONTRA DEL EJÉRCITO DEL NORTE O QUE AL MENOS EXPRESARA SU COMPASIÓN POR LA PÉRDIDA.

MAS, DESPUÉS DE UN BREVE SILENCIO, LEE DIJO: "CÓRTELO, MI QUERIDA SEÑORA, Y OLVÍDELO".[1]

Ya estamos en el proceso de cortar nuestros árboles dañados por el fuego de la artillería enemiga, del fuego de la esperanza que se demora. Hay "Tiempo de llorar, y tiempo de reír; tiempo de endechar, y tiempo de bailar" (Eclesiastés 3:4). ¡Es tiempo de bailar! Rubem Alves dijo una vez: "Esperanza es escuchar la melodía del futuro, la fe es bailar al son de ella."[2]

La siguiente narrativa fascinante sobre el baile, es apropiada para quienes sufren de esperanza que se demora:

Imagine que usted y el Señor Jesús caminan juntos sobre un sendero. En gran parte del camino, las huellas del Señor se ven de forma regular, constante, y rara vez se nota alguna variación en el paso. Pero las huellas de usted parecen un torrente desorganizado de zigzags, inicios, pausas, giros, círculos, partidas y regresos. Gran parte del camino parece ir de esta forma, pero gradualmente las pisadas de usted se alinean más con las del Señor, hasta que pronto están al parejo de las de Él. ¡Usted y Jesús caminan como verdaderos amigos!

Y aquí ocurre algo interesante. Sus pisadas, que alguna vez marcaron la arena junto a las pisadas de Jesús, ahora se encuentran exactamente sobre sus pasos. Dentro de Sus huellas, de mayor tamaño, se encuentran las pequeñas huellas de usted; es seguro decir, que usted y Jesús se están volviendo uno.

Esta situación continúa durante muchos kilómetros, pero gradualmente usted nota otro cambio. Las huellas que están dentro de las de Jesús parecen volverse más grandes; con el tiempo, desaparecen por completo. Solo hay un par de huellas: se han vuelto uno. Y así continúa por mucho tiempo. Pero de pronto, el segundo par de huellas aparece de nuevo.

¡En esta ocasión se ven peor que antes! Zigzags por todos lados, pausas, inicios, marcas profundas en la arena; un verdadero desastre de huellas. A usted le sorprende y le impacta ver aquello.

Su sueño termina.

Después, usted ora:

—Señor, entiendo la primera escena, con líneas en zigzag y arrebatos repentinos; yo era un nuevo cristiano, apenas estaba aprendiendo, pero tú caminaste a través de la tormenta y me ayudaste a aprender cómo caminar contigo.

Y suavemente Él le dice:

—Así es.

—Cuando las huellas más pequeñas estuvieron dentro de las Tuyas, fue cuando comencé a aprender a caminar en Tus pasos; te seguía muy de cerca.

Y Él responde:

—Muy bien, hasta ahora lo has entendido todo.

—Cuando las huellas más pequeñas crecieron y fueron iguales a las Tuyas, supongo que fue cuando empecé a ser como Tú en todos los aspectos.

Él asiente:

—Precisamente.

—Entonces, Señor, ¿retrocedí?, pues las huellas se separaron y fue peor que al principio.

Se hace una pausa mientras el Señor responde con una sonrisa en su voz.

—¿No lo sabías? ¡Fue en ese momento cuando bailamos![3]

Hebreos 10:19-23 nos da música para bailar en este proceso de sanidad, mientras nos recuperamos de la esperanza que se demora:

> Así que, hermanos, teniendo libertad para entrar en el Lugar Santísimo por la sangre de Jesucristo, por el camino nuevo y vivo que él nos abrió a través del velo, esto es, de su carne, y teniendo un gran sacerdote sobre la casa de Dios, acerquémonos con corazón sincero, en plena certidumbre de fe, purificados los corazones de mala conciencia, y lavados los cuerpos con agua pura. *Mantengamos firme, sin fluctuar, la profesión de nuestra esperanza*, porque fiel es el que prometió (énfasis añadido).

Varios pasos importantes para tener un corazón saludable se encuentran en este pasaje que habla de esperar en la fidelidad de Dios. El primer paso es acercarnos al Señor, como también nos lo dice el libro de Santiago: "Acercaos a Dios, y él se acercará a vosotros" (Santiago 4:8). Quizás este primer paso sea el momento más importante de nuestro proceso de sanidad. Debemos encontrar nuestra esperanza dentro del velo (véase Hebreos 6:18-19). Debemos colocarnos cerca del Señor, pues las circunstancias a nuestro alrededor pierden significado si las comparamos con Su presencia. Las tormentas de la vida dejan de ser nuestro punto de referencia cuando Él es el centro. Como se ilustra en la historia siguiente.

Las tormentas de la vida dejan de ser nuestro punto de referencia cuando Él lo es.

En la historia de Robert Louis Stevenson sobre una tormenta, describe un barco atrapado en una costa rocosa, en el cual, la vida de todos los que iban a bordo estaba en peligro. Uno de los pasajeros, aterrado, logró llegar al puente de mando, en donde el timonel se movía bruscamente de un lado al otro, en su puesto, con las manos en el timón, moviendo poco a poco el barco hacia mar abierto. El timonel le sonrió al hombre, quien, entonces, se apresuró a regresar a la cubierta inferior gritando: "Vi el rostro del timonel y me sonrió. Todo está bien". Ver ese rostro sonriente les disipó el temor, y convirtió la desesperación en esperanza.[4]

Sí, debemos acercarnos al Señor para verlo, en lugar de ver nuestro dolor. Es en Su presencia donde la sanidad llega y donde experimentamos plenitud de gozo (véase Salmos 16:11).

Una de las maneras en que nos acercamos a Él, es a través de la alabanza y la adoración. Sé que suena demasiado simplista (y nunca intentaría restar importancia al dolor que usted siente) pero creo que la vida de cualquier persona podría cambiar de forma radical y para siempre a través de dosis extremas de alabanza y adoración. Con simplemente aplicar la alabanza de la misma manera en la cual se aplicaría una terapia. Es decir, tomar una o dos horas cada día para declarar la grandeza de Dios, lo cual crearía un lugar para que Dios estableciera Su trono en su corazón (véase Salmos 22:3). Y desde ese trono gobernaría sobre sus heridas.

En su Biblia, busque versículos que describan el poder sanador de Dios, Sus misericordias y Su amor, y entonces, adórelo, declarando esos versículos sobre usted. Hágalo durante quince minutos, incrementándolos cada día hasta pasar una o dos horas diarias alabando a Dios. La esperanza que se demora jamás podrá resistir una acometida de poder como esa, ni la presencia de Dios. El salmo 107:20 nos dice que Su palabra puede sanar.

David, cuyo pecado con Betsabé le costó la vida de su hijo recién nacido, se acercó al Señor para recibir perdón y sanidad (véase Salmo 51). La alabanza, la humildad y el arrepentimiento no solo vencieron al pecado sino también a la esperanza que se demora. David también se acercó a Dios para obtener la victoria sobre la esperanza que se demora mientras se encontraba en la cueva de Adulam. Como mencionamos en el capítulo 1, después de haber huido de Saúl y de ser marginado en Israel David, hizo de esta cueva y probablemente de otras cuevas más, su hogar por algunos años. El salmo 27, escrito durante esta dolorosa temporada, habla de acercarse al Señor en el momento de dolor:

> Una cosa he demandado a Jehová, ésta buscaré; que esté yo en la casa de Jehová todos los días de mi vida, para contemplar la hermosura de Jehová, y para inquirir en su templo. Porque él me esconderá en su tabernáculo en el día del mal; me ocultará en lo reservado de su morada; sobre una roca me pondrá en alto (versículos 4-5).

David escribió muchos otros salmos durante esta temporada de su vida. Conocía el poder de acercarse a Dios y de eso se tratan la mayoría de estos salmos. Use algunos de ellos, o componga unos propios, para acercarse a Él. Si llegamos a una vida en la cual nos acerquemos radicalmente al Señor en los momentos en que sintamos dolor, en especial a través de la alabanza y la adoración, veremos un cambio casi de inmediato.

El siguiente paso de sanidad que observamos en este pasaje de Hebreos 10, se encuentra en el versículo 23, el cual nos dice: "Mantengamos firme, sin fluctuar, la profesión de nuestra esperanza". El salmo 107:2 dice: "Díganlo los redimidos de Jehová". Sé que puede parecer difícil de entender o, de nuevo, algo demasiado simplista, pero una clave muy importante para recibir sanidad de la esperanza que se demora, es sencillamente comenzar a decir en voz alta lo que Dios dice de nosotros. Hay un gran poder en hablar la Palabra de Dios a nuestros corazones.

Durante una cirugía a corazón abierto que mi hermano Tim tuvo la oportunidad de presenciar, hubo la necesidad de detener el corazón del paciente; sin embargo, cuando llegó el momento de hacerlo latir de nuevo, el personal médico no fue capaz de lograrlo, a pesar de sus repetidos intentos. Finalmente, aunque obviamente el paciente se encontraba inconsciente, el cirujano se inclinó y dijo al oído del paciente: "Necesitamos su ayuda, no podemos hacer que su corazón funcione. Diga a su corazón que comience a latir". Por increíble que parezca, el corazón del paciente comenzó a latir de nuevo.

Su corazón también puede volver a latir, si usted mantiene firme la profesión de su esperanza. La palabra traducida como "profesión", en Hebreos 10:23, es el griego *homologia* que simplemente significa "decir lo mismo que". La profesión bíblica no es ni más ni menos que afirmar lo que Dios dice acerca de nosotros. Debemos decir a nuestro corazón que viva, al hablarle la verdad (la Palabra de Dios), y también ordenándole que lata de nuevo.

Tal vez declarar lo que la Palabra de Dios dice acerca de nosotros cuando las circunstancias parezcan contradictorias pueda parecer una negación de la realidad, pero creo que existen negaciones buenas y negaciones malas. Las negaciones malas son cuando intentamos vivir la vida enterrando nuestras emociones o cuando actuamos como si estuviéramos bien aunque en realidad no lo estemos. Un ejemplo de esta negación de la realidad se puede observar en lo siguiente:

> Se cuenta la historia de un gran general, un hombre testarudo que nunca se daba por vencido. Fue tomado prisionero y lanzado a un agujero

> ancho y profundo junto con algunos de sus soldados. En ese sitio se encontraba un enorme montón de estiércol de caballo.
>
> El general gritó a sus hombres, mientras se lanzaba hacia el montón: "Síganme ¡por aquí debe haber un caballo!"[5]

Lo único positivo que puede decirse acerca de este general es que por lo menos era un líder lo suficientemente bueno como para ser el primero. Esta historia ilustra la mala negación al máximo, tiene la misma lógica que las maneras en las cuales pensamos que podemos enterrar nuestro dolor emocional.

La buena negación a la que me refiero es cuando, a pesar de lo que sentimos o de lo que digan nuestras circunstancias, elegimos creer la verdad de la Palabra de Dios y lo que Él dice de nosotros. Permitimos que esa verdad transforme nuestra situación y nos sane. Eso no es negar la *realidad* de nuestras circunstancias, sino negarles *el derecho que tienen de controlar* nuestras vidas.

Acaso lo que acabo de decir puede parecerle difícil de escuchar, pero no son las situaciones que nos ocurren lo que nos controla o nos afecta de manera negativa, en cambio, *lo que creemos acerca de la situación* es lo que realmente nos controla. Esta es una de las razones por las cuales una persona puede experimentar un dolor en particular, tal como una traición o una pérdida, y recuperarse con relativa rapidez, mientras que otra no sea capaz de hacerlo. Mantenernos firmes en lo que Dios dice de nosotros nos hace capaces de creer lo correcto.

Cuando los obstáculos que trae la esperanza que se demora amenazan con destruirnos, debemos alinearnos a la perspectiva de Dios, con el fin de evitar el desastre.

Steve Fosset, reconocía la necesidad de ser él quien cambiara de perspectiva en vez de permitir que las circunstancias lo controlaran:

> El 13 de enero de 1997, Steve Fosset subió a la cabina de un globo de aire caliente con la ambición de ser la primera persona en dar la vuelta al mundo en globo. Tres días después, ya había cruzado el Atlántico y volaba sobre África en dirección este.
>
> El viento predominante lo llevaba en curso directo hacia Libia; sin embargo, Libia le había negado el permiso de volar sobre su espacio aéreo, lo cual significaba que podrían derribarlo. Los globos no pueden virar, así que cuando se requiere un cambio de dirección, deben cambiar su altitud para encontrar un viento lateral que sople en una dirección diferente.
>
> Fosset bajó 1,900 metros, donde soplaba un viento con dirección sur. Logró evitar Libia; y después, calentó el globo y se elevó 3000 metros, donde un viento en dirección este lo regresó a su curso.

> Bertrand Piccard, otro piloto de globos de aire caliente, observa una similitud entre un vuelo en globo y la vida diaria: "En el globo, somos prisioneros del viento y solo vamos en su dirección, en la vida, las personas creen ser prisioneras de las circunstancias. Pero tanto en un globo como en la vida, puede cambiarse la altitud y así, cambiar la dirección, de este modo, ya no somos prisioneros".
>
> Una persona cambia la altitud al cambiar su actitud".[6]

¡Que verdad tan maravillosa! No somos prisioneros de los vientos de adversidad. Mantenernos firmes y asidos a lo que Dios dice acerca de nosotros es una de las maneras en que cambiamos la altitud y la actitud. Es una negación buena que, en esencia, dice: "A pesar de lo que me hayan dicho los vientos de adversidad, iré en otra dirección, la de Dios". Debemos encontrar la corriente del Espíritu Santo, la cual es lo que Dios dice acerca de nosotros en Su Palabra, y elevarnos con Él a la victoria.

La palabra traducida como "mantenernos firmes" es coherente con este pensamiento, y en realidad significa "mantener el curso". La palabra se usa de esta forma en Hechos 27, cuando el barco donde navegaba Pablo estaba en curso en una dirección específica a pesar de una tormenta. Cuando tomamos lo que Dios dice acerca de nosotros en Su Palabra y comenzamos a estar de acuerdo con ello, diciendo lo mismo, somos capaces de superar las tormentas de la vida y mantenernos en el curso que Dios ha trazado para nosotros.

Timoteo, uno de los hijos espirituales de Pablo, se había salido de curso por causa de los tiempos difíciles. En 2 Timoteo 1:6-7, Pablo lo estaba ayudando para que se mantuviera en curso: "Por lo cual te aconsejo que avives el fuego del don de Dios que está en ti por la imposición de mis manos. Porque no nos ha dado Dios espíritu de cobardía, sino de poder, de amor y de dominio propio." Este pasaje contiene algunas lecciones oportunas para nosotros, en relación con nuestro proceso de sanar de la esperanza que se demora.

Pablo exhortó a Timoteo a que avivara el don que se había puesto en él y luego lo animó diciéndole que Dios no le había dado espíritu de cobardía. La palabra "cobardía" (*deilia*), traducida como "miedo" en algunas versiones de la Biblia, no es la palabra normal que se da a un miedo muy intenso como una fobia, sino que es una palabra que implica inseguridad. Evidentemente, Timoteo había permitido que la inseguridad apagara sus dones.

Pablo continuó diciéndole a Timoteo que Dios le había dado espíritu de poder, de amor y de dominio propio. Dominio propio (*sophronismos*) es una palabra increíblemente poderosa para nosotros en nuestro proceso para sanar de la esperanza que se demora, es una palabra compuesta de dos radicales, de las palabras *sozo* y *phrao*. *Sozo* es la palabra que se traduce en el Nuevo Testamento como "salvación". Implica salvación total, lo cual involucra plenitud, sanidad, seguridad, conservación y todo lo demás que se incluye en ella.

El otro radical, *phrao,* significa "tener la rienda o el freno de los sentimientos y pensamientos". Cuando colocamos estas dos palabras juntas, podemos apreciar lo que Pablo hizo con Timoteo. La idea que se transmite en esta cita es que no debemos dejar que nada (sentimientos, pensamientos o emociones negativas) nos haga estar dominados por el miedo o la inseguridad; en cambio, debemos tener las riendas sobre estos pensamientos y emociones a través del poder de la salvación (plenitud) que hemos recibido. Pablo le dijo a Timoteo: "Que la salvación del Señor en ti, te dé el poder para dominar los pensamientos negativos y las emociones".

Usted puede ver por qué la palabra se traduce como "dominio propio", la cual no es una traducción que tenga la misma fuerza, ninguna palabra podría tenerla. El dominio propio del cual habla Pablo no se alcanza a través de la sola fuerza de voluntad humana, sino solo cuando existe una salvación, una plenitud, en lo profundo de nosotros, que Dios ha colocado. Debemos permitir que la salvación surja, y haga posible que tengamos dominio sobre los pensamientos de miedo, duda e inseguridad que intentan controlarnos. Romanos 15:13 declara que podemos abundar "en esperanza *por el poder del Espíritu Santo*" (énfasis añadido).

- Cuando el miedo lo invada, deje que la salvación de Dios que está en su interior le dé la habilidad de dominarlo.
- Cuando se sienta intimidado, deje que la salvación de Dios que está en su interior le dé la habilidad de dominar esa emoción.

- Cuando los pensamientos de desesperanza intenten invadir su fe, deje que la salvación de Dios que está en su interior le dé la habilidad de dominarlos.
- Cuando el enemigo de su alma le diga que no podrá lograrlo, deje que la salvación de Dios que está en su interior le dé la habilidad de dominarlo.

Hebreos 10 tiene otro principio clave que será una parte de nuestro proceso de sanidad. El versículo 24 dice: "Y considerémonos unos a otros para estimularnos al amor y a las buenas obras". Siempre debemos recordar que Dios y Su poder sanador fluyen a nosotros, en parte, a través de otras personas.

En el contexto de mantenernos firmes en la esperanza, el Señor habla acerca de la necesidad de dar y recibir ánimo. La palabra que se tradujo como "considerar" es *katanoeo* que significa "pensar intensamente en algo."[7] *Noeo* involucra el concepto de pensar o usar la mente; sin embargo, el prefijo *kata* lo intensifica en el sentido de que no es un pensamiento casual sino una reflexión o una contemplación. El Señor nos dice: "Piensen seriamente en cómo ayudar a los demás".

¿Y cómo debemos ayudarnos? Estimulando (*paroxusmos*) a los demás a amar y realizar buenas obras. La palabra significa "incitar a lo bueno o discutir algo con enojo".[8] Por ello, significa provocar o incitar, para bien o para mal; estimular a alguien para algo bueno o para causar contienda. Se compone de los radicales *para*, que significa "estar detrás, con o cerca" y *oxus*, que significa "afilado". De forma literal, la palabra bien podría significar "afilar al lado de".

En otras palabras, en su sentido positivo, significa estar al lado de alguien para provocarlo, en una buena manera, o para afilar sus destrezas y habilidades. Quizás es a lo que las Escrituras se refieren en Proverbios 27:17 donde dicen: "Hierro con hierro se aguza; y así el hombre aguza el rostro de su amigo".

Después, el versículo 25 corona lo anterior con la palabra "exhortándonos". Sé que puede parecer una palabra simple e insignificante, pero no lo es. Exhortar (*parakaleo*) significa "llamar a alguien a nuestro lado, por lo tanto, a ayudarnos".[9] Proviene de la misma raíz de palabras como *Paraclete*, el cual es uno de los nombres del Espíritu Santo. De la misma manera en que el Espíritu Santo ha sido enviado para estar a nuestro lado y ayudarnos, se nos exhorta a hacerlo los unos por los otros. O podríamos decir que el *Paraclete* (Espíritu Santo) *parakeleos* a través de nosotros. Debemos pensar intensamente en cómo podemos estar al lado de otros, para aguzarlos y brindarles nuestra ayuda.

La Biblia dice que debemos sobrellevar las cargas de otros y soportarnos unos a otros (véase Gálatas 6:2; Efesios 4:2; Colosenses 3:13). En el Nuevo Testamento, son dos las palabras que se usan en estas citas, para indicar "sobrellevar" y "soportar", una de las cuales es *anechomai*. Esta palabra significa llevar o ayudar a una persona para que no caiga, de forma parecida a lo que hacemos cuando se ata una estaca a una planta de tomates para ayudarla con el peso que lleva. La fuerza de la estaca se transfiere a la planta y así la "soporta". Cuando el Señor nos ordena soportarnos en Colosenses 3:13 y Efesios 4:2, él no solo está diciendo: "Tolérense unos a otros".

Aunque nos dice que lo hagamos, también nos dice "apóyense los unos a los otros". En otras palabras, debemos estar junto a un hermano o hermana que lleve mucho peso encima y decirle: "No caerás, ni te quebrantarás o destruirás, porque yo te apoyo; mi fuerza ahora es tuya. Adelante, apóyate en mi, mientras yo pueda sostenerme, tú también lo harás." Qué imagen tan hermosa del Cuerpo de Cristo. Y esta actitud esto dará fruto, se curará la esperanza que se demora y el tormento del corazón.

Y mire bien que alguien lo logre gracias a usted. Hebreos 12:15 dice: "Mirad bien, no sea que alguno deje de alcanzar la gracia de Dios; que brotando alguna raíz de amargura, os estorbe, y por ella muchos sean contaminados". "Mirad bien" son las palabras por las cuales se tradujo *episkopeo*, una palabra que significa pastorear, supervisar o hacer el trabajo de un obispo, es decir, de un administrador. "Pastoreen o sean obispos los unos de los otros". Él nos dice que nos preocupemos por los demás, que nos aseguremos de que nadie se pierda la gracia de Dios.

Jackie Robinson fue el primer negro que jugó en el béisbol estadounidense de grandes ligas. Al romper la barrera del color en el béisbol, se enfrentó a multitudes que lo abucheaban en todos los estadios. Un día, mientras jugaba en casa, en un estadio en Brooklyn, cometió un error y sus propios admiradores comenzaron a burlarse de él. Se paró en segunda base, humillado, mientras el público abucheaba.

Entonces, el short stop [nota del traductor: en béisbol, el short stop es un jugador que intenta interceptar bolas entre la segunda y tercera base] del equipo, "Pee-Wee" Reese, se acercó y se paró junto a Él. Colocó su brazo alrededor de Jackie Robinson y miró a la multitud. El público guardó silencio. Después, Robinson dijo que ese brazo sobre sus hombros salvó su carrera.[10]

Coloque su brazo alrededor de alguien; mire bien que logren el triunfo. Permita que el Espíritu Santo ministre la gracia de Dios a través de usted. Y si es usted quien tiene necesidad de recibir ayuda, esté abierto y sea lo suficientemente humilde como para recibirla. Dios tiene un brazo para usted.

Capítulo 5

Horeb no siempre será un lugar horrible

CRAIG RANDALL CONDUCE UN CAMIÓN RECOLECTOR DE BASURA EN PEABODY, MASSACHUSSETS. UN DÍA NOTÓ QUE EN UN CONTENEDOR DE BASURA SE ENCONTRABA UN VASO DE *WENDY'S* [NOTA DEL TRADUCTOR: WENDY'S ES UNA CADENA DE COMIDA RÁPIDA] QUE LLEVABA UNA ETIQUETA SOBRE UN CONCURSO. LA SEMANA ANTERIOR HABÍA GANADO UN SÁNDWICH DE POLLO, ASÍ QUE LA ABRIÓ ESPERANDO GANAR UNAS PAPAS FRITAS O UNA BEBIDA. EN CAMBIO, AL ABRIRLA, OBTUVO UN PREMIO DE US$ 200,000 QUE USÓ PARA CONSTRUIR UNA NUEVA CASA. ESTO LO REPORTÓ EL DIARIO *US & WORLD REPORT* EN SU EDICIÓN DEL 11 DE JUNIO DE 1995.

LO QUE OBTENEMOS DE LA VIDA DEPENDE MUCHO DE LO QUE BUSCAMOS. ¿ES MÁS PROBABLE QUE VEAMOS CADA EXPERIENCIA COMO BASURA EN VEZ DE COMO UN TESORO EN POTENCIA?[1]

Un monte que se menciona en la Biblia nos brinda una de las imágenes más acertadas, como creo que nada nos la podría mostrar, de lo que es la esperanza que se demora. ¿No le sorprende que fuera una montaña? Parecía que esta ya representaba algo, hasta que Dios reveló aquel tesoro que se escondía en su interior. Su nombre mismo, Horeb, significa desolación, lugar seco, baldío y estéril,[2] el cual es sinónimo de la esperanza que se demora. Este fue el lugar donde Moisés se encontró gran parte del exilio de cuarenta años, cuidando ovejas (en el sentido literal, en vez de ovejas espirituales). No puede haber un caso más severo de esperanza que se demora que el que Moisés experimentó al haber perdido su herencia y, aparentemente, su destino. Sé que "nada termina hasta que se acaba", pero, por lo general, un sueño se acaba después de estar desaparecido cuarenta años.

Como Dios hace frecuentemente con los obstáculos, transformó esta montaña e hizo uso de Su poder para convertirla en "el monte de Dios" (Éxodo 3:1). Los acontecimientos que se asocian con él, reflejan la asombrosa habilidad de Dios para restaurar, sanar y sacar algo bueno de lo malo. *Horeb no siempre será un lugar horrible.* Es una imagen real de la naturaleza paradójica del Reino de Dios, donde lo bueno puede surgir de lo malo, donde somos más fuertes cuando somos débiles y que a menudo la vida fluye de la muerte. El profeta Joel dijo: "Diga el débil: Fuerte soy" (Joel 3:10), el Señor dijo al apóstol Pablo: "Bástate mi gracia; porque mi poder se perfecciona en la debilidad" (2 Corintios 12:9).

Al igual que en la historia de traición de José, Satanás ha intentado destruirlo a usted a través de la esperanza que se demora; pero Dios tiene planes, planes maravillosos para su corazón atormentado por la esperanza que se demora. El Señor declara: "Porque yo sé los pensamientos que tengo acerca de vosotros, dice Jehová, pensamientos de paz, y no de mal, para daros *el fin que esperáis*" (Jeremías 29:11, se añade el énfasis). Extraiga el oro de esta montaña, no desperdicie ni una lágrima en su dolor.

Dios me enseñó esta verdad tan importante hace algunos

años cuando, en un momento de esperanza que se demora, causada en gran parte por el rechazo y la traición, lo escuché decirme mientras oraba: "Quiero que aceptes el dolor".

Lo anterior es algo que no se espera escuchar de un Padre que tiene grandes pensamientos para mi bienestar y un futuro lleno de esperanza; sin embargo, como un Dios que no quiere que el dolor sea en vano, sino que quiere usarlo, Él me animaba a permitirle realizar su trabajo de limpiar, purificar y fortalecer. Yo no aceptaría la *traición* como algo bueno, ni Dios causó esa traición, pues Él no produce el pecado en los corazones de las personas, pero yo necesitaba aceptar el dolor para que Él pudiera hacer cosas buenas en mí, de la misma manera en que el dolor que siente un atleta durante el entrenamiento produce cosas buenas para el futuro. Ya que hablamos del ejercicio, con frecuencia decimos "si no hay dolor no hay ganancia". No desperdicie el dolor que le produzca la esperanza que se demora.

Cuatro hechos significativos que se asocian con Horeb, los cuales exploraremos con cierto detalle, revelan muchas imágenes gloriosas de la gracia y el poder redentor de Dios. Aprenda bien estas lecciones, pues conocer Su plan para nuestro dolor es uno de los pasos más importantes de fe para recibir sanidad de la esperanza que se demora. A continuación, cuatro de los sucesos de los cuales podremos obtener algunas revelaciones importantes:

- En el monte Horeb se renovó el llamado de Moisés (véase Éxodo, capítulos 3 y 4).

- Israel recibió agua de una peña en Horeb (véase Éxodo 17).
- Moisés se encontró con Dios en el monte Horeb (véase Éxodo, capítulos 19 al 33).
- Elías venció al espíritu de Jezabel en Horeb (véase 1 Reyes 19).

La primera lección importante es que *en Horeb aprendemos a esperar* (Casi puedo escuchar a algunos de ustedes decir: "¿Eso es todo?". Pero manténgase conmigo; esperar tiene un propósito y la espera termina). Tras huir de Faraón y volverse una lección práctica sobre la esperanza que se demora, Moisés cuidó ovejas alrededor de esta montaña por cuarenta años antes de que Dios cambiara la situación y resucitara su destino (véase Éxodo 3-4).

Debemos aprender a esperar sin vacilar y debemos reconocer que la espera puede ser una experiencia positiva, pues aprender a esperar es aprender a perseverar.

En Horeb, hubo que esperar más cuando Moisés y los israelitas regresaron ahí poco tiempo después (véase Éxodo, capítulos 19 al 33). Dios los llamó a él y a Josué al monte y por seis días no hicieron absolutamente nada más que esperar a que Dios les hablara y les dijera por qué estaban allí. Pasaron seis largos días con sus noches en ayuno y quizá sufriendo de frío, días durante los cuales Dios no dijo absolutamente nada (véase Éxodo 24:16). Debió haberle parecido mucho tiempo a Josué, pero quizá, Moisés solo se rió entre dientes.

Entonces, Dios llamó a Moisés a la nube de la presencia de Dios (véase el versículo 16), donde estuvo con el Señor los treinta y cuatro días restantes. Sin embargo, Josué se quedó solo en esta montaña árida y rocosa durante todo ese tiempo y no se nos dice absolutamente nada acerca de lo que hizo o no hizo, simplemente sabemos que esperó en el Señor y esperó al hombre de Dios, Moisés. Josué estaba aprendiendo a esperar; después necesitaría ese conocimiento.

No hay duda: Horeb es un lugar para esperar y no hay ninguna duda de que el esperar se asocia con la esperanza que se demora. En muchas ocasiones esperamos tanto un cambio, un milagro o una sanidad que parece que lo único que experimentamos es un retraso; sin embargo, debemos aprender a esperar sin vacilar, no podemos permitir que la esperanza que se demora nos venza y debemos reconocer que la espera puede ser una experiencia positiva, pues *aprender a esperar es aprender a perseverar*. En su libro acerca de la esperanza, Rick DeVos, cofundador de la compañía *Amway* y fundador del equipo de básquetbol (baloncesto) *Orlando Magic*, dice lo siguiente acerca de la persistencia:

> La persistencia es el ingrediente más importante para el éxito en la vida. Cuando se enfrente a una falla o a una desilusión, solo tiene dos opciones:

> rendirse o persistir. Si yo pudiera heredar un rasgo de la personalidad a los jóvenes del mundo, una sola cualidad que los ayudara a alcanzar el éxito en la vida, sería la persistencia. Es más importante que el intelecto, que la habilidad atlética, que una buena apariencia o una personalidad atrayente. La persistencia surge de un lugar profundo del alma. Es una compensación que Dios nos da por aquello de lo que carecemos en otras áreas de la vida. Nunca subestime su poder.[3]

Así, una de las mayores lecciones de Horeb que todos debemos aprender si queremos vencer la tendencia hacia la esperanza que se demora es que *llegará* el día en que se presenten abundantes frutos y se realicen nuestras metas, *si perseveramos.* Escuche las palabras poderosas que están en Gálatas 6:9: "No nos cansemos, pues, de hacer bien; porque a su tiempo segaremos, si no desmayamos."

En griego, las palabras traducidas como "a su tiempo" son *idios kairos*, las cuales son una frase poderosa preñada de semillas de esperanza para nosotros. "Tiempo" es la palabra *kairos,* que significa "debido tiempo, el momento oportuno en el que debe hacerse algo"[4]; *idios* significa "relativo al ser, i.e., lo propio"[5] lo que denota algo que es propiedad o perteneciente a alguien. Este versículo comunica que, aunque necesitaremos perseverar en la espera, hay una respuesta que nos pertenece, la cual llegará a su justo tiempo, ¡usted posee un *kairos*!

"Todo tiene su tiempo" (Eclesiastés 3:1), incluido un

"tiempo de curar" (v. 3). Hechos 3:1-10, nos relata la emocionante historia del *idios kairos* de un hombre. Este hombre, paralítico de nacimiento, se sentaba a la puerta del templo todos los días para pedir limosna, una reflexión interesante, es que Jesús debió haber pasado frente a él decenas de veces y eligió no sanarlo, ¿por qué? La respuesta se encuentra aquí mismo, en Hechos. Dios reservó este milagro para ser el primero de la Iglesia antigua y, como resultado, 5,000 personas llegaron a Cristo (véase Hechos 4:4). *En ocasiones Dios guarda un milagro para recoger una cosecha madura.* Él puede tener en mente que su progreso sea más que un logro personal, su espera puede estar relacionada con una cosecha. Sin duda, la espera tiene un propósito.

Tal fue la situación de Ana y Elisabet, las dos mujeres estériles que pidieron un hijo a Dios (véase 1 Samuel 1 y Lucas 1). En ambos casos, el Señor les respondió con un hijo, pero esperó hasta que llegara Su tiempo, pues a la vez que ellas deseaban un hijo, Él necesitaba un profeta. Ellas poseían un *kairos,* pero Dios compartía la posesión del mismo, y Su tiempo, no solo involucraba la satisfacción del deseo de las mujeres sino también Sus propósitos eternos.

Como se mencionó en el capítulo 1, Dios le dijo a Abraham, en Génesis 18:10: "De cierto volveré a ti; y según el tiempo de la vida, he aquí que Sara tu mujer tendrá un hijo." En hebreo, la palabra que se tradujo como "tiempo" es *eth,* la cual es el equivalente de la palabra griega *kairos.* Aunque Abraham y Sara esperaron 25 años, ellos poseían un *debido tiempo,* el cual, también era el *debido tiempo* para

Dios. Su *debido tiempo* para nuestro "Isaac" puede no ser el que nosotros pensamos que debería ser, pero en nuestra espera, aprendemos a perseverar, y se establecen los propósitos más altos de Dios.

Otra lección valiosa de Horeb es que nuestros corazones deben ser expuestos, *deben revelarnos dónde se encuentra cimentada en realidad nuestra confianza.* Como tal, es una parte crucial de nuestra transformación. Moisés, a través de su experiencia con la esperanza que se demora, fue llevado al límite de la confianza en sí mismo para que llegara a confiar solamente en Dios. Esta obra de Dios en su vida, que alcanzó su etapa final en Horeb, puede observarse en los siguientes pasajes de las Escrituras:

> Entonces Moisés respondió a Dios: ¿Quién soy yo para que vaya a Faraón, y saque de Egipto a los hijos de Israel?
>
> *Éxodo 3:11*

> Entonces dijo Moisés a Jehová: ¡Ay, Señor! nunca he sido hombre de fácil palabra, ni antes, ni desde que tú hablas a tu siervo; porque soy tardo en el habla y torpe de lengua. Y Jehová le respondió: ¿Quién dio la boca al hombre? ¿o quién hizo al mudo y al sordo, al que ve y al ciego? ¿No soy yo Jehová? Ahora pues, ve, y yo estaré con tu boca, y te enseñaré lo que hayas de hablar. Y él dijo: ¡Ay, Señor! envía, te ruego, por medio del que debes enviar.
>
> *Éxodo 4:10-13*

En Horeb, la confianza que tenía Moisés en sí mismo llegó a su punto más bajo. Finalmente, perdió todo orgullo o cualquier confianza en su propia habilidad, para realizar la voluntad de Dios. En ocasiones, Dios quiere que nuestra esperanza muera, cuando nuestra esperanza se encuentra en el lugar equivocado. Él no quiere que perdamos la confianza, pero sí quiere que no tengamos confianza en nosotros mismos. En Romanos 7:18 Pablo dijo: "Yo sé que en mí, esto es, en mi carne, no mora el bien." Hasta Jesús se dio cuenta de que debía depender del Padre para poder tener la habilidad para cumplir Su misión: "No puedo yo hacer nada por mí mismo" (Juan 5:30).

El nivel tan débil de confianza que había en la nación de Israel fue evidente cuando murmuraban y se quejaban por la falta de agua (véase Éxodo 17:2). En la inconformidad de Israel en Horeb, el Señor reveló que a pesar de lo carnales y faltos de fe que eran, Él los ayudaría. ¡Cuántas veces se puede aplicar esto a nosotros! Cuando sentimos que Dios no nos ha ayudado en un área en particular de nuestras vidas, es cuando se revela nuestro nivel de confianza. En vez de que nuestras palabras y acciones confirmen una confianza sólida en Dios, con frecuencia reñimos con los demás y probamos la paciencia del Señor.

De nuevo, la incapacidad de Israel para confiar en Dios se expuso en Horeb. En Éxodo 32, cuando Moisés y Josué se encontraban en el monte con el Señor, Aarón y los israelitas construyeron el ídolo del becerro de oro. El versículo 1 revela que, en realidad, este era un asunto de confianza:

> Viendo el pueblo que Moisés tardaba en descender del monte, se acercaron entonces a Aarón, y le dijeron: Levántate, haznos dioses que vayan delante de nosotros; porque a este Moisés, el varón que nos sacó de la tierra de Egipto, no sabemos qué le haya acontecido.
>
> *Éxodo 32:1*

Los israelitas se habían convencido de que Moisés y Josué nunca descenderían de Horeb. Decían: "Moisés se ha ido, junto con su Dios y necesitamos otros dioses que se ocupen de nosotros". Como todavía estaban corrompidos por la idolatría de Egipto, no eran capaces de anclar su fe en el Señor.

Horeb –los momentos difíciles de aridez y desolación, cuando la esperanza que se demora se cuela en nosotros– expone nuestros corazones y nos revela dónde se encuentra nuestra confianza. Cuando nuestra fe se encuentra en el lugar equivocado, el deseo de Dios siempre es el de librarnos de nuestros errores y transformarnos como podemos ver en el siguiente testimonio.

> Mike Holmgren era un estadounidense típico, mariscal de campo en el equipo de fútbol de la preparatoria, jugó para la UCLA (Universidad de California en Los Ángeles) y soñaba con una carrera en la NFL (Liga Nacional de Futbol). Su emoción no tuvo límites cuando lo reclutó el equipo de los *Cardinals* de San Luís; sin embargo, salió del equipo durante la pretemporada.

Entonces, los *Jets* de Nueva York lo consideraron como jugador de respaldo para Joe Namath, pero terminaron contratando a otro jugador.

Mike dice: "Me sentí deshecho, todo lo que me importaba era jugar fútbol profesional y ahora que eso no podría suceder, me sentí como un fracasado".

De regreso a casa, Mike se retiró deprimido a su habitación, donde encontró su vieja Biblia cubierta de polvo. Él se había vuelto cristiano a la edad de 11 años, pero en su intensa búsqueda del fútbol, olvidó al Señor. Mientras hojeaba la Biblia, Proverbios 3:5-6 llamó su atención y Mike volvió a comprometer su vida a Jesucristo.

Poco después, Mike comenzó a entrenar al equipo de fútbol de su preparatoria, y desde entonces ha sido entrenador, convirtiéndose en uno de los entrenadores más exitosos en la NFL.

Mike dice: "Ya sea que se gane o se pierda; ahora me doy cuenta de que lo que en verdad es importante no son los anillos que dan a los ganadores del *Super Bowl*, sino la corona de vida eterna que Jesús ha ganado por nosotros a través de Su victoria en la cruz."[6]

Como Mike Holmgren, asegúrese de que su esperanza y su confianza se encuentren en el lugar correcto; no en una carrera, en sus habilidades o en lo que otros crean acerca de usted, sino en el Señor.

La siguiente verdad que aprendemos en el lugar de desolación, Horeb, es *el poder de la Palabra de Dios.* Sé que siempre podemos escuchar a Dios hablarnos a través de las Escrituras, pero hay momentos en los cuales Dios parece guardar silencio acerca de nuestra situación; sin embargo, puedo asegurarle que si perseveramos cuando nos encontremos en Horeb, llegará el momento en que Dios nos hablará, cuando nos dará Su perspectiva de nosotros en lo referente a nuestra situación, cuando podremos ver el plan de redención que tiene en todo lo que nos acontece.

En 1 Reyes 19, Elías después de su batalla con los profetas de Baal y de su postura en contra de Acab y Jezabel, se sintió desanimado y vencido. Creo que no fue por Jezabel misma, sino por el espíritu de Jezabel. Él se encontraba aislado, deprimido, cansado, temeroso, y estaba tan desanimado que deseaba morir (véase 1 Reyes 19:4). Se encontraba en estado de ánimo desastroso, provocado por la esperanza que se demora y tenía el corazón muy enfermo. La solución de Dios fue enviarlo "Hasta Horeb, el monte de Dios" (véase 1 Reyes 19:8).

En Horeb, Elías se encontró en una cueva. Muchos investigadores creen que fue la misma cueva o grieta donde Moisés estaba cuando Dios pasó (*abar*) frente a él (véase Éxodo 33:19-23). Lo mismo le ocurrió a Elías: "Y he aquí Jehová que pasaba [*abar*]" (1 Reyes 19:11).

Esta palabra, *abar*, significa "cruzar o pasar".[7] Básicamente significa moverse de un lugar a otro. En ocasiones, *abar* es una palabra genérica que se usa para nombrar el paso o cruce de un lugar a otro y se usa de esta forma cientos de veces en el Antiguo Testamento. En otras ocasiones, pasar o cruzar es una experiencia muy importante y significativa, que puede cambiar la vida.

Lo cual resulta muy interesante, por que *abar* es una palabra que denota transición, que también significa "penetrar"[8] como cuando se penetra un territorio o incluso el corazón humano. Sin afán de ser demasiado dramático o gráfico, en realidad, es una palabra que se usa para designar la relación física entre marido y mujer que resulta en el embarazo. Sí, la palabra puede significar "fecundar".[9] Una experiencia *abar* con Dios, puede ser tan significativa que nos *fecunda* con una nueva naturaleza, con una misión, con un llamado o con entendimiento.

En los momentos en que Dios ha guardado silencio y en los que parecemos vivir en la aridez, con el tiempo, Él hablará. Y recuerde que con frecuencia, la esperanza llega en un silbo apacible

---

En Horeb, Dios habló en medio de "un silbo apacible y delicado" (1 Reyes 19:12). Él fecundó a Elías con la semilla de Su Palabra, así recibió la habilidad de impartir una doble ración de unción para Eliseo, y otra para Jehú y Hazael, quienes terminarían la labor de deshacerse de Acab y Jezabel.

Y piense en esto: en el momento en que Elías se sintió más débil, fue cuando Dios llegó a Él y le habló; después, Elías fue fecundado con el poder de la multiplicación, ya que fue capaz de dar a Eliseo una doble porción de unción y Jehú, después de haber sido ungido por él, completó la labor de derrocar a los malvados Acab y Jezabel, una labor que solo Elías podía comenzar. *En Horeb fluyó fuerza de las debilidades de Elías.*

Dios puede hacer lo mismo por nosotros. En Horeb, en nuestro lugar de esperanza que se demora, en los momentos en que Dios ha guardado silencio y en los que parecemos vivir en la aridez con el tiempo, Él hablará. Cuando lo hace, nos fecunda con lo que necesitamos para terminar nuestra carrera. En Juan 6:63, Jesús declara: "Las palabras que yo os he hablado son espíritu y son vida." Cuando escuchamos la voz de Dios, como ocurrió con Elías, la vida que está en Sus palabras se vuelve vida en nosotros.

Y recuerde que con frecuencia, la esperanza llega en un silbo apacible.

Horeb también representa lo que es nuevo. Dios puede transformar el dolor de la esperanza que se demora con tal poder, que Horeb se vuelve *un lugar de nuevos comienzos.* Por paradójico que suene. Fue allí donde se renovó el llamado de Moisés (véase Éxodo 3-4), a pesar de que él pensaba que su destino estaba perdido para siempre. Y es una ironía, pues ningún lugar pudo haber sido una imagen más acertada de la historia de su vida que ese monte, donde trabajó cuidando a las ovejas. Su nombre mismo, Horeb, que significa "desolación y aridez", debió haber sido para Moisés un recordatorio constante de su esperanza que se demora, lo cual pone sal en la herida: "Mi vida no solo es *Horeb* sino que ahí trabajo".

Moisés estaba tan lleno de desesperanza que en esos dos capítulos de Éxodo vemos que el Señor nunca pudo llevarlo a que él aceptara su llamado renovado. Moisés le decía al Señor constantemente que no estaba calificado y que no quería hacerlo. Por eso, Dios, en esencia, tuvo que decirle: "¡Te he escuchado lo suficiente! Harás lo que te digo" (véase Éxodo 4:14-17). ¡A Dios le preocupa más nuestro destino que a nosotros mismos!

Cuando el padre espiritual de Timoteo, Pablo, tuvo que volver a ponerlo en marcha, le dijo que avivara sus dones (2 Timoteo 1:6). La palabra que se tradujo como "avivar" es *anazoporeo*, la cual está compuesta por tres palabras en griego: *ana*, que significa "de nuevo"; *zo* cuyo orígen es la palabra *zao*, que transmite el concepto de estar vivo; y *pureo*, que proviene de *pur*, cuyo significado es "fuego o luz". De las cuales resulta: "revivir el fuego" o "hacer que el fuego dentro de uno vuelva a arder". "Deja que tus dones vivan de nuevo", le dijo a Timoteo, "arde con pasión".

Pablo le recordó a Timoteo que fueron llamados "con llamamiento santo, (…) según el propósito suyo y la gracia que nos fue dada en Cristo Jesús" (2 Timoteo 1:9). "Propósito" es la palabra *prothesis* que significa exponer el propósito de algo (*thesis*) con antelación (*pro*). Dios tiene un destino para nosotros con el cual está comprometido. Él es el principio y el fin y, cuando es necesario, un nuevo comienzo entre ambos.

"Prótesis" es una palabra en español que surgió de *prothesis,* la cual es una parte artificial del cuerpo humano (tal como un brazo, una pierna o hasta los dientes) hecha para restaurar el propósito funcional de esa parte del cuerpo. Pablo le decía a su hijo espiritual, Timoteo: "Él te hizo con un propósito y cuando ese propósito parezca estar perdido, Él puede rehacerlo, para así restaurarlo."

Mucho más que cualquier otro lugar, Horeb ilustra el hecho de que los nuevos comienzos llegan desde el lugar de la desolación y a partir del dolor que produce la esperanza que se demora. Allí, descubrimos que Dios siempre es más grande. No solo más grande que nuestros enemigos, sino mayor que nuestros errores, pecados, deficiencias y miedos. De esta manera, Horeb se vuelve un lugar maravilloso de nuevos comienzos.

Una amiga muy querida e intercesora poderosa que ha ministrado en todo el mundo, experimentó un inicio fresco en Horeb hace muchos años. Ponga atención al testimonio de Bobbye Byerly acerca del poder transformador de Dios:

> No hay una forma más hermosa de decirlo. Yo tenía 28 años de edad y era miserable. Mi matrimonio se desmoronaba después de diez años. Teníamos tres hijos pequeños y perdí a otros dos por abortos espontáneos. Mi suegra semi-inválida, Maggie, vivía con nosotros y necesitaba de muchos cuidados. Mi padre acababa de morir y yo volaba de Nueva Jersey a Texas para asistir a su

funeral. Había perdido la habilidad para amar y no podía superar el estrés que tenía en mi vida; sentía como si viviera con una bolsa sobre mi cabeza que me impidiera respirar.

Mientras viajaba sola para el funeral de mi padre, un hombre japonés que estaba en el avión sentado junto a mí inició una conversación, y finalmente me preguntó: "¿Conoce a mi Jesús?"

¡Qué pregunta me hizo! Yo era una mujer estadounidense que siempre había ido a la iglesia. Desvié la mirada para contemplar lo que ocurría en mi vida. Además de todo, pronto vería a mi madre a quien acababan de dar de alta de otra estadía en un hospital psiquiátrico y también vería a otros miembros de mi familia, muchos de los cuales ayudaron a criarme a mí y a mis hermanos durante las numerosas hospitalizaciones de mi madre. En los siguientes días, la pregunta del viajero japonés me persiguió: *¿conozco a Jesús?*

Luego de regresar a casa, busqué el consejo de mi pastor. Acordamos reunirnos durante seis sesiones y comenzamos a mediados de abril. Le conté acerca de mi plan para llevarme a mis hijos y dejar a mi esposo en junio. El 8 de junio, entré a la oficina del pastor para mi última sesión. Durante las anteriores, él había intentado mostrarme la verdad, pero yo vivía en tinieblas, incapaz de recibir la luz.

De pronto, sin pensarlo, dije súbitamente: "Un hombre que se sentó junto a mí en el avión cuando viajaba al funeral de mi papá me preguntó si conocía a Jesús, la pregunta me persigue, ¿crees que conozco a Jesús?"

Mi pastor debió haberse sorprendido, ya que yo era profesora en la escuela dominical y presidenta del grupo de mujeres en nuestra iglesia. Jim y yo éramos miembros activos en la congregación y, en la superficie, nuestras vidas parecían buenas; pero yo sabía que la realidad era como la de los "sepulcros blanqueados" que Jesús describió en Mateo 23:27: hermosos en el exterior, pero llenos de huesos de muertos e inmundicia.

No puedo explicar por completo lo que ocurrió en los pocos minutos que siguieron a mi pregunta, pero la luz de la gloria de Dios llenó la oficina del pastor de forma sobrenatural, y de pronto me vi a mí misma como una pecadora que necesitaba un Salvador. Y comencé a clamar a Él. De forma milagrosa, el Señor me libró del miedo y de la amargura, a la vez que Su amor y Su gracia me envolvían. Tomé una Biblia y la abrí en Deuteronomio 30:19-20. Me puse de pié y declaré con valentía: "¡Escojo la vida!"

Cuando dejé la habitación yo era una mujer transformada, el mundo a mi alrededor parecía brillar en colores más vivos. Me di cuenta de que

> me encontraba en una oscuridad tal que no había visto la llegada de la primavera. Cuando llegué a mi casa, corrí a la habitación de mi suegra, emocionada por contarle a alguien lo que me había ocurrido. Y mientras lo hacía, el amor milagroso del Señor nos sanó a ambas: a ella, de su enfermedad cardiovascular, la cual la había mantenido casi inválida los últimos nueve años; y a mí, del resentimiento debilitador y de la amargura. Mi matrimonio también comenzó de nuevo, conforme me volvía a enamorar del chico especial con quién me había casado. La sorprendente gracia de Dios transformó nuestras vidas.[10]

Mientras Jesús viva, siempre habrá esperanza. El salmista dijo que *atravesaríamos* el valle de *Baca* (lágrimas), pero no dijo que ese sería el lugar donde permaneceríamos (véase Salmos 84:6).

Sé que usted ha esperado. Algunos de quienes leen este libro han esperado mucho tiempo. Pero, como Bobbye, usted posee un *kairos.* Coloque su confianza en el Señor, Él irá a usted con una palabra *abar* que lo fecundará con esperanza y le dará un nuevo comienzo.

Capítulo 6

Horeb, el lugar sagrado

Billy Graham tenía un amigo que durante la gran depresión que hubo en los Estados Unidos perdió su empleo, una fortuna, a su esposa y su hogar. Pero este hombre se aferró con tenacidad a su fe, pues era lo único que le quedaba. Un día, se detuvo a mirar a unos individuos que realizaban un trabajo de cantería en una enorme iglesia. Uno de ellos cincelaba un trozo triangular de piedra, y este hombre le preguntó: —¿Qué hará con eso?

El trabajador respondió: —¿Ve esa pequeña abertura en el techo, cerca de la aguja? Pues aquí le estoy dando forma, para que encaje allá arriba.

Sus ojos se llenaron de lágrimas mientras se alejaba, pues parecía que Dios le había hablado a través del trabajador para explicarle la penosa experiencia por la cual pasaba: "Te estoy dando forma aquí, para que encajes allá arriba".[1]

Sí, Dios nos da forma y no sólo para "allá arriba", también nos la da para nuestro futuro aquí en la tierra. En el proceso, no pretende desperdiciar ningún día difícil que pasemos en Horeb.

De hecho, *en Horeb recibimos las herramientas de Dios, es decir, su provisión para el futuro.* Dejaremos ese lugar mejor capacitados de lo que estábamos cuando llegamos. En esta montaña, Dios le preguntó a Moisés: "¿Qué es eso que tienes en tu mano?" (Éxodo 4:2). Moisés solo llevaba una simple vara, la cual usaba para caminar y cuidar a sus ovejas. La palabra en hebreo que se tradujo como "vara" es *matteh*,[2] que es la misma palabra para "cetro". El cetro de Moisés era un trozo de madera torcido, nudoso y muerto, que encontró y al que dio forma en el monte de la desolación; pero la vara de Horeb se convirtió en "la vara de Dios" (Éxodo 4:20).

Dios no buscaba un cetro pulido, cubierto de oro ni incrustado de joyas traído de Egipto, Dios le estaba diciendo a Moisés: "Te retiré el cetro dorado de Egipto y a cambio te di uno de Horeb, que simboliza el quebrantamiento, la docilidad y la pérdida de la confianza en la carne. En realidad ha sido una vara de desolación por la esperanza que se demora, pero la convertiré en Mi vara. Cambiaré tu quebrantamiento en fuerza y tu docilidad en confianza en mí. Cuando haya sucedido esto, podré darte una gran autoridad." En Éxodo 4:17, Dios declaró: "Y tomarás en tu mano esta vara, *con la cual* harás las señales" (énfasis añadido).

Con esa horrenda vara de Horeb, que representa el quebrantamiento, la docilidad y la confianza solo en Dios, Moisés juzgó naciones, abrió mares, hizo brotar agua de una peña y la sostuvo en alto sobre la cima de una montaña, lo que causaba la victoria sobre los enemigos de Dios. No logró estas proezas con una vara que representara su fuerza, sino con una que representaba su debilidad. Es nuestro quebrantamiento lo que le permite a Dios colocar Su autoridad en nosotros, ¡qué verdad tan valiosa!

En Horeb, las herramientas para nuestro futuro, las que necesitaremos para cumplir Sus propósitos en nuestras vidas, son puestas en nuestras manos. Con frecuencia, en Horeb nos son dadas la autoridad y la unción necesarias para vencer las fortalezas del enemigo. Después de que Moisés golpeó la peña de Horeb, los amalequitas atacaron Israel (véase Éxodo 17). Dios ordenó a Moisés que subiera al monte con la vara de Horeb, "la vara de Dios", y la alzó sobre el campo de batalla. A través de la autoridad que representaba esta vara de Dios, Josué venció al enemigo. ¡Qué imagen tan poderosa para nosotros de un arma hecha en Horeb para derrotar a nuestros enemigos! Los lugares de esperanza que se demora pueden convertirse en fábricas de armas.

Este concepto se ilustra ampliamente en la historia de una niña a quien llamaban La pequeña Annie. Aunque en ese momento ella no lo sabía, el lugar de gran desesperanza donde se encontraba le brindó las armas necesarias para su futuro:

> En un manicomio donde se trataba a muchos retardados mentales e individuos perturbados se encontraba una niña llamada La pequeña Annie, quien no respondía en lo absoluto a los intentos que hacía el personal para ayudarla y finalmente, se rindieron, considerándola un caso perdido, sin esperanza y confinándola a una celda en el sótano.
>
> Una de las trabajadoras; sin embargo, pasaba sus horas de comida frente a la celda de La pequeña Annie, leyéndole y orando, pidiéndole a

> Dios que la librara de su prisión de silencio. Día tras día esta mujer iba frente a la puerta de La pequeña Annie, pero la niña no respondía.
>
> Entonces, varios meses después, la pequeña niña comenzó a hablar, y de forma sorprendente, a los dos años se le dijo que podía dejar la institución para disfrutar de una vida normal; pero La pequeña Annie eligió no irse, y se quedó para trabajar con otros pacientes.
>
> Casi medio siglo después, en una ceremonia especial para honrar su vida, se le preguntó a Hellen Keller a qué atribuía su éxito al poder superar sus discapacidades. Ella respondió: "De no haber sido por Ann Sullivan, no estaría aquí el día de hoy".
>
> Ann Sullivan, que amó y creyó tenazmente en una niña irremediablemente sorda y ciega llamada Helen Keller, era La pequeña Annie.[3]

Las experiencias de Annie en el manicomio la prepararon para llevar una transformación al mundo de Helen Keller. ¿Qué habrá puesto Dios en las manos de usted a través de su quebrantamiento? Si usted busca, se dará cuenta de que ahora tiene una fuerza y autoridad que posee solo por el hecho de haber pasado un tiempo en Horeb.

En Horeb, el lugar seco y difícil que con frecuencia es cuna de la esperanza que se demora, *recibimos nuevas revelaciones de Dios,* como podemos verlo en los siguientes ejemplos:

- Moisés recibió la revelación de que Dios es: "YO SOY EL QUE SOY" (Éxodo 3:14).
- Israel recibió la revelación de que Dios es *Jehová-nisi*, el Señor es nuestro estandarte y victoria, el Dios que pelea nuestras batallas (Éxodo 17:15).
- El Señor fue a Moisés para mostrarle Su bondad y Su gloria (véase Éxodo 33:19-23).
- Tras el episodio del becerro de oro, pudo verse una nueva revelación de la misericordia y gracia de Dios, cuando, a través de la intercesión de Moisés, el Señor perdonó a la nación y no los destruyó a todos (véase Éxodo 32:11-14). Aunque hubo un juicio, también hubo misericordia.

Me encanta Éxodo 19:17, que dice: "Y Moisés sacó del campamento al pueblo *para recibir a Dios*; y se detuvieron al pie del monte" (énfasis añadido). ¡Permanezca al pie de la montaña de la desolación y reciba a Dios! ¡Qué gran pensamiento! Sí, podemos recibir a Dios en Horeb, como Moisés en la zarza ardiente y como todo Israel al pie de la montaña. Nos encontramos con Dios de formas nuevas en Horeb y, cuando lo recibimos, tenemos nuevas revelaciones de Su naturaleza y de Su Padre.

En el capítulo anterior hablamos de la visita de Elías a Horeb luego de haberse sentido vencido por la esperanza que se demora y por el espíritu de Jezabel. Él se encontraba en un lugar tan profundo de miedo y depresión que le pidió a Dios que tomara su vida. El Señor lo guió a Horeb, donde lo metió a una cueva y se encontró con él. La misma palabra, *abar*, se usa para describir las visitaciones, tanto a Moisés como a Elías (cuando pasó la gloria de Dios), en el monte. Como lo dijimos antes, muchos estudiosos creen que Moisés y Elías estuvieron en la misma cueva o hendidura cuando fueron visitados por la gloria de Dios (compare Éxodo 33:22 y 1 Reyes 19:11). También vemos que algunas de las manifestaciones de la presencia de Dios (el viento, el fuego, etc.) que le ocurrieron a Moisés, le ocurrieron a Elías.

¿Qué le habrá querido decir Dios a Elías a través de todas estas "semejanzas": el monte, la cueva, el pasar con Su gloria frente a él, y demás? ¿Qué revelación de Horeb le llevaba? Creo que fue esta: En Horeb, *el Dios de la historia se vuelve el Dios de la actualidad.* Cuando hablamos de nuevas revelaciones de Dios, una de las más importantes es la de que Él es el mismo ayer, hoy y por los siglos (véase Hebreos 13:8). El Señor de nuestros padres debe volverse nuestro Dios. El Dios del que hemos escuchado debe volverse el que hemos experimentado. No podremos esperar verdaderamente en Dios hasta que tengamos una revelación de Él como "el Dios de esperanza" (Romanos 15:13).

La historia de Jacob también es una imagen maravillosa de esto. Tan absurdo como parezca hasta cuando tuvo su experiencia en Peniel, a los cuarenta años, nunca se le encuentra hablando de Dios como *su Dios* y nunca se ve que otros hablen de Jacob y se refieran a Dios como *el Dios de Jacob.* En Génesis 31:5, 31:42 y 32:9, Jacob lo llama "el Dios de mi padre". El Señor mismo le habló a Jacob, en Génesis 26:24 y

28:13 diciendo: "Yo soy el Dios de (...) tu padre". Hasta Labán, su suegro, se refiere a Dios de igual forma en Génesis 31:29: el Dios de tu padre

Pero después del quebrantamiento de Jacob (lo cual me suena a Horeb), construyó un altar llamado El-Elohe-Israel, que significa "Dios, el Dios de Israel" (véase Génesis 33:20). Cuando Él nombró este altar, el Israel al que se refería no era una pueblo ni un lugar, él hablaba de sí mismo cuyo nombre había cambiado, de Jacob a Israel (véase Génesis 32:28). Cuando nombró ese altar como "Dios, el Dios de Israel", declaró: "Él no solo es el Dios de mi padre o de mi abuelo ¡es *mi* Dios!" Esto es increíble. No desperdicie su experiencia en Horeb, permita que ésta lo lleve a conocer una faceta de nuestro Dios multifacético.

El Señor quiere que usted reciba esta revelación en Horeb, en su lugar de esperanza que se demora. Es interesante ver que hay momentos en los cuales Dios se llamó a sí mismo con un nombre en especial, por ejemplo: "YO SOY EL QUE SOY"; y hay otros tiempos en las Escrituras en los cuales un individuo le dio un nombre como "el Señor, nuestro estandarte". Siga adelante y déle un nombre personal, como "El-Elohe-Susana" o cualesquiera que sea su nombre. Él se convertirá en todo para *usted.*

Dios puede ser Sanador, Salvador y cientos de características más, y sin embargo, puede no ser ninguna de ellas para usted. Él puede ser el Dios de Esperanza pero no ser el suyo. Todos pueden conocerlo y, a la vez, puede que no lo conozcan. Él puede ser todo *en* usted, pero no todo *para* usted. El Dios de la historia debe convertirse en *su* Dios el día de hoy.

También es en el lugar difícil, Horeb, *donde se revelan Sus planes y Su diseño para nuestro futuro.* En este mismo monte, Moisés recibió los planos para el tabernáculo, el arca del pacto, las festividades y hasta las leyes de esta nueva nación. Dios eligió este monte para darle a Moisés el plan para el futuro de Israel. Como lo hemos dicho antes, Horeb es un lugar de grandes revelaciones, y una parte de la revelación involucra nuestro futuro. Usted puede dejar Horeb, la montaña de la esperanza que se demora, el lugar de los corazones atormentados, no solo con un corazón sano, ¡sino con los planes para su destino y una revelación del futuro! Su pasado al fin tendrá sentido, y de igual forma su futuro.

En muchas ocasiones no podemos entender nuestro pasado hasta que Él revela nuestro futuro. En relación con el viaje de José a través de la esperanza que se demora, es decir, la esclavitud, una cárcel en Egipto y, al final, el trono, Dios le dijo, básicamente: "Tus hermanos intentaron *trastornarte*, yo planeaba *trasladarte*". Esta revelación solo llegó del otro lado de la esperanza que se demora. Sus hermanos quisieron destruir al hombre, pero Dios quería conservar una nación.

Con frecuencia no es hasta que pasamos al otro lado de nuestro dolor, de nuestra desesperanza y desesperación, cuando se revela el plan redentor de Dios en contra del malvado plan de Satanás

Quizá Satanás ha tenido la intención de marginarlo, pero Dios quiere usar la experiencia de usted para darle un amor por los marginados. Quizá la intención del diablo era robarle un ser querido, pero Dios quiere usarlo para traer sanidad a quienes han perdido a sus seres queridos. Siempre hay dos planes para nuestros momentos difíciles: el plan de Dios y el del diablo; y con frecuencia no es hasta que pasamos al otro lado de nuestro dolor, de nuestra desesperanza y desesperación, que se revela el plan redentor de Dios en contra del malvado plan de Satanás.

Yo dudo de que en medio de las horribles circunstancias por las cuales pasó Susanna Wesley hubiera imaginado el propósito increíble que Dios tenía para dos de sus hijos:

> Susanna Annesley nació en 1669, era la última de veinticinco hijos. Se casó con Samuel Wesley y dio a luz diecinueve hijos, nueve de los cuales murieron en la infancia. Su vida fue turbulenta; con frecuencia era infeliz y estaba llena de pruebas.

> A menudo Samuel no estaba en casa, dejándola sola y casi sin un centavo para cuidar de la familia. Samuel, incapaz de administrar adecuadamente su pequeño sueldo, pasó algún tiempo en la cárcel de los deudores. Ambos estaban en desacuerdo en muchos temas, tanto en la política como en la religión, lo cual trajo como resultado más divisiones y conflictos. Vivían en la pobreza. Y en una ocasión, su casa se quemó hasta los cimientos. Susana sufrió de muchas enfermedades y con frecuencia debía pasar un tiempo postrada en cama, por lo cual necesitaba de ayuda en su hogar. Entre 1697 y 1701, Susanna dio a luz a cinco hijos, que incluían gemelos, todos los cuales murieron. Tres hijos después, en 1705, una nodriza exhausta rodó sobre la cama mientras dormía y quedó sobre el bebé más pequeño, quien murió sofocado. Muchos de sus hijos sobrevivientes estaban tan descarriados que le causaron mucho dolor.
>
> Sin embargo, sus hijo John y Charles se volvieron dos de los más grandes evangelistas de todos los tiempos y sus ministerios sacudieron al mundo.[4]

El Horeb de usted puede parecer tan devastador que no logre ver algo bueno que pueda surgir de él, pero Dios tiene un plan y Él traerá a su vida Sus propósitos de redención. ¡Tenga esperanza!

Otra obra maravillosa producida por el Espíritu Santo en

Horeb es *un fluir fresco de Su río de poder, unción y fertilidad hacia nosotros.* Fue en esta montaña, mencionada en Éxodo 17:6, donde Israel necesitaba agua con desesperación y Dios la hizo surgir de una peña. 1 Corintios 10:4 dice que la roca es Cristo, Él es la peña de Horeb (Éxodo 17:6). Cuando no parezca que haya agua en Horeb, el lugar seco de dificultad, desesperación y desolación, no importa ¡aquí hay! La gente sedienta encuentra agua en Horeb.

Esta peña golpeada también es una imagen de la crucifixión, cuando Cristo, nuestra Roca, fue golpeado por nosotros y la fuente de la vida fluyó. Todo lo que representa la cruz: el perdón de los pecados, la sanidad de los corazones quebrantados y la vida eterna, se encuentra retratado en este acontecimiento. Es bueno decir que no es justamente a pesar de Orbe, que no es justamente cuando nos alejamos de ahí, sino que desde Orbe fluye un río de vida. Dios redime el horrible y seco lugar y lo transforma en un lugar donde el río de vida fluye. Isaías habla de ríos en el desierto (véase Isaías 43:19-20). El desear ríos en el desierto me suena como la esperanza contra esperanza que tuvo Abraham. Prosiga en el camino, pues servimos a un Dios asombroso.

Usted puede abandonar la esperanza que se demora con una mayor dimensión del poder y la unción del Espíritu Santo, que es el río de Dios, como podremos verlo en la historia siguiente:

> La mala salud aquejaba al Dr. A. B. Simpson y un médico le dijo que no viviría para llegar a los cuarenta años. Este diagnóstico recalcaba la inca-

> pacidad física que el ministro conocía demasiado bien: predicar era un esfuerzo agonizante, caminar era doloroso y subir tan solo una pequeña altura le hacía sentir la agonía de la sofocación.
>
> Desesperado, enfermo del cuerpo y sin esperanza en su espíritu, el Dr. Simpson acudió a su Biblia. Se convenció de que Jesús planeó que la sanidad fuera parte de la redención completa del hombre, y oró pidiendo a Cristo que satisficiera las necesidades de su cuerpo hasta que hubiera terminado el trabajo de su vida. Cada fibra de su ser estremeció cuando sintió la presencia de Dios.
>
> Durante los primeros tres años posteriores a su sanidad, predicó más de mil sermones y dirigió hasta veinte reuniones en una semana. Durante el resto de su vida, se destacó por su cantidad impresionante de trabajo como pastor, en sus sermones y en obras literarias.
>
> Simpson vivió hasta los 76 años, pero su trabajo perdura. La *Christian and Missionary Alliance (Alianza cristiana y misionera)*, la cual fundó, aún es una potente fuerza espiritual en la actualidad, sus libros aún se publican y bendicen a millones de personas.[5]

En este lugar de esperanza que se demora, el Dr. Simpson bebió del río de la vida; y con ello, no solo revivió, sino que riachuelos de esa fuente aún fluyen e impactan vidas en la actualidad.

Por último, el lugar desolado *se convierte en el lugar santo.* A Moisés se le dijo en Horeb: "Quita tu calzado de tus pies, porque el lugar en que tú estás, tierra santa es" (Éxodo 3:5). Después, el Señor le dijo que el monte era tan santo que si alguna persona o animal lo tocaba, moriría.

> *Dios toma los lugres difíciles y los transforma en algo bueno a través de su increíble sabiduría y poder*

> Y señalarás término al pueblo en derredor, diciendo: Guardaos, no subáis al monte, ni toquéis sus límites; cualquiera que tocare el monte, de seguro morirá.
>
> *Éxodo 19:12-13*

Este lugar horrible se convirtió en un lugar santo. Dios le dijo a Moisés que regresaría a este monte para adorar a Dios (véase Éxodo 3:12). No le dijo: "Regresarás a este lugar horrendo", ni: "Regresarás a este monte para maldecirlo". No, debían regresar a este lugar, *el cual ahora era santo,* para adorar.

Yo sé que en la noche profunda y oscura del alma, la esperanza parece imposible. y en realidad lo es;, la diferencia es simplemente que nuestro Dios hace lo imposible. Él toma los lugares difíciles, es decir, todo aquello que provoca la esperanza que se demora, y los transforma en algo bueno a través de su increíble sabiduría y poder, los convierte en algo tan bueno que de hecho podemos regresar a ese lugar para adorarlo, diciendo: "Dios, no sé cómo lo hiciste, pero en este lugar difícil probaste que eres fiel y me trajiste vida. Te adoro."

Moisés tal vez dijo: "Durante cuarenta años pensé que este lugar era horrible, y ahora me doy cuenta de que es santo". Algunos de los encuentros y visitaciones más dramáticos que la humanidad ha experimentado con Dios, los tuvo Moisés en esta montaña llamada "desolación". Sí, Dios sabe cómo traer sanidad y hacer un lugar de adoración de nuestro quebrantamiento y dolor.

> En el palacio real de Teherán, en Irán, se puede apreciar uno de los trabajos en mosaico más hermosos del mundo; los techos y las paredes fulguran como diamantes de reflejos multifacéticos.
>
> En un principio, cuando se diseñó el palacio, el arquitecto especificó que se colocaran enormes espejos en las paredes. Cuando el primer embarque llegó de París, se dieron cuenta con horror que los espejos estaban destrozados. El contratista los echó a la basura y le llevó las malas noticias al arquitecto.
>
> Sorprendentemente, el arquitecto ordenó que reunieran todos los trozos, para luego molerlos hasta convertirlos en pedazos más pequeños y adherirlos a las paredes, para convertirlos en un mosaico de trozos de vidrio brillantes y plateados.
>
> ¡Lo roto se vuelve algo hermoso! Es posible convertir las cicatrices en estrellas [nota del traductor:

> *cicatrices en estrellas* representa un juego de palabras intraducible, por la similitud en inglés entre las palabras cicatrices (scars) y estrellas (stars)]. Es posible ser mejor gracias a una rotura. Es raro encontrar en un museo piezas antiguas que no estén rotas, de hecho, algunas de las piezas más valiosas son tan solo fragmentos que se mantienen como un precioso recuerdo de un pasado glorioso.[6]

Tal vez podemos sentir que nuestras vidas están destruidas irremediablemente, pero Dios no lo ve de esa manera.. Él pretende dar forma a los pedazos rotos para convertirlos en algo exquisito y maravilloso. Nunca subestime el poder de Dios para reparar y restaurar.

Capítulo 7

¡Espere!

PORQUE SI EL ÁRBOL FUERE CORTADO, AÚN QUEDA DE ÉL ESPERANZA; RETOÑARÁ AÚN, Y SUS RENUEVOS NO FALTARÁN. SI SE ENVEJECIERE EN LA TIERRA SU RAÍZ, Y SU TRONCO FUERE MUERTO EN EL POLVO, AL PERCIBIR EL AGUA REVERDECERÁ, Y HARÁ COPA COMO PLANTA NUEVA.

Job 14:7-9

Ahora, la esperanza se ha vuelto una realidad para usted. Aunque haya llegado a sentirse como un árbol completamente destruido y cortado, usted ahora puede percibir el agua, el agua del Espíritu de Dios y así, tiene esperanza.

Usted cantará de nuevo.

Bailará de nuevo.

Vivirá.

Subirá sobre los escombros para cantar como aquel gallo.

Por la gracia de Dios y el poder del Espíritu Santo, ¡usted estará ocupado viviendo! Será como la mujer que se negó a rendirse, en el evangelio según Marcos:

> Pero una mujer que desde hacía doce años padecía de flujo de sangre, y había sufrido mucho

> de muchos médicos, y gastado todo lo que tenía, y nada había aprovechado, antes le iba peor, cuando oyó hablar de Jesús, vino por detrás entre la multitud, y tocó su manto.
>
> *Marcos 5:25-27*

Esta mujer habría sufrido por muchos años de una dolencia recurrente e incurable; sin duda, estaba débil por la pérdida constante de sangre de su organismo. Muchos médicos (sí, el pasaje dice "muchos") la hicieron pasar por muchas experiencias difíciles. Había gastado todos sus recursos y solo había conseguido empeorar. No había esperanza, pero aún así, ella esperaba.

En lo profundo de su ser hay un espíritu de fe que espera resucitar, ¡llegue a él! Cueste lo que cueste, tóquelo, llegue arrastrándose a él, pero llegue

Aunque la Ley de Moisés prohibía que cualquiera en su condición "inmunda" tocara a otras personas, ella no iba a perder la oportunidad de sanar. Ella tenía más fe en el poder de Jesús para sanarla que en el peligro de profanarlo. Decidió: "Voy a tocarlo, no me interesa cuánta gente haya a Su alrededor o lo lejos que esté o cuantos cientos de personas se encuentren entre nosotros, no me interesa quién piense que estoy rompiendo la ley de Moisés al tocar a otras personas y a Él. Debo arrastrarme para extender la mano, y con solo tocar el extremo de Su túnica, *llegaré a Jesús para recibir mi sanidad*."

¿No le encanta ese espíritu indómito? A eso es a lo que yo llamo bailar. ¡Eso es esperanza!

¡Y usted hará lo mismo! En lo profundo de su ser hay un espíritu de fe que solo está esperando a ser resucitado. ¡Llegue a él! Cueste lo que cueste, tóquelo. Llegue arrastrándose a él, pero llegue. Incluso si ha gastado todo lo que tiene y si los doctores, terapeutas, amigos o cualquier persona dicen que no hay esperanza para usted, ¡tenga esperanza! Ábrase paso a través del miedo, del dolor, la confusión y la muchedumbre de circunstancias que encuentre frente a usted, y *llegue a Jesús*. Esta es una decisión que debe tomar.

En este capítulo quiero animar a su fe al plantar en usted semillas especiales, semillas de esperanza y de fe. Este capítulo simplemente es una declaración de las promesas bíblicas que Dios quiere cumplir en su vida, sin ilustraciones ni historias. Le ruego, lo animo y hasta lo desafío a levantarse para comenzar a esperarlas. Tome una decisión consciente de creer que ocurrirán, usted participará de la esperanza cumplida.

Hace varios meses, el Señor llamó mi atención sobre los capítulos 59 y 60 de Isaías. Sentí con fuerza que era una palabra para el Cuerpo de Cristo en este tiempo. Posteriormente, recibí una carta de mi amigo Chuck Pierce, quien me dijo exactamente lo mismo. Hasta tenía una lista sobre cosas que había que comenzar a esperar muy similar a la que Dios me había mostrado a través de este pasaje de las

Escrituras. Sé que es una palabra del Señor para usted. Permita que estas expectativas aviven su fe. Conforme se apropie de ellas y las aplique en su vida, usted segará una cosecha abundante de buenos frutos.

Espere que el celo del Señor llegue a usted con justicia, salvación y un derramamiento de su Espíritu Santo

Isaías 59:15-21 nos muestra la intensidad con la cual Dios desea traer liberación. Él está celoso por usted. La justicia y la salvación (plenitud) llegarán a su vida como una invasión santa. Su Espíritu se derramará sobre usted.

Mientras oraba, hace varios meses, vi al Señor venir a esta nación en un remolino con un celo y una intensidad atemorizante en Sus ojos; Su espíritu barría los Estados Unidos trayendo avivamiento a las universidades, preparatorias, escuelas secundarias y primarias. Comenzaron a ocurrir milagros, señales y maravillas, entre ellas, liberaciones inmediatas por el poder de Dios. Vi miles de jóvenes volverse a Cristo.

El verdadero avivamiento está cerca. El Señor vendrá con gran celo. Espere que la salvación llegue a sus descendientes (Isaías 59:21 y 60:4), espere que los hijos pródigos regresen a casa, espere que quienes son rebeldes, adictos, perversos y estén atados por toda clase de pecado sean liberados. La salvación llegará a su hogar, ¡espérela!

Espere que la gloria de Dios venga sobre usted

Isaías 60:1 declara "Levántate, resplandece; porque ha

venido tu luz, y la gloria de Jehová ha nacido sobre ti."

La palabra en hebreo que se traduce como gloria se refiere a algo que es pesado. El concepto en griego es reconocer a alguien o algo por lo que en verdad es. Espere que el peso de la gloria de Dios invada su vida, destruya a sus enemigos y lo libere de la depresión y el miedo, ¡créalo! Permanezca expectante, para que reconozca a Dios en su vida, Su gloria viene a usted.

Espere que la luz brille en su camino

Isaías 60:2-3 nos dice que la luz vencerá a la oscuridad. Busque que la luz del entendimiento llegue a su confusión. Mientras lea y medite en las Escrituras, espere recibir revelación, la luz de Dios, que va en aumento hasta que el día es perfecto (véase Proverbios 4:18). Ya no caminará a tientas en la oscuridad de la esperanza que se demora, llegará a una temporada de luz, ¡espérela!

Espere que Su presencia se manifieste en su vida de una nueva forma

Isaías 60:2 dice: "Sobre ti amanecerá Jehová". Si usted se ha enfriado o entibiado en su caminar con Dios, espere que Su presencia despierte en usted un nuevo tiempo de intimidad. Espere que se encienda una nueva pasión hacia el Señor en su interior. Anticipe Sus visitaciones en las noches. En los momentos íntimos con Él, trate de conocerlo como realmente es, para que brote intensamente de las páginas de Su Palabra. Manténgase expectante de que Su presencia lo inunde.

Espere recibir una nueva visión

Isaías 60:4 dice: "Alza tus ojos alrededor y mira, todos éstos se han juntado, vinieron a ti; tus hijos vendrán de lejos, y tus hijas serán llevadas en brazos." Este es el momento de una nueva visión. Si usted, como Moisés y Abraham, ha sufrido de esperanza que se demora y ha perdido su visión, espere que una nueva, explote en su interior. ¡Mire! Este no es un tiempo de retirada, apatía, desesperanza o estancamiento. Desarrolla una nueva habilidad para ver hacia delante, como nunca antes.

Isaías profetizaba acontecimientos futuros, retaba al pueblo a ver *por fe.* Jesús dijo en Juan 4:35: "Alzad vuestros ojos y mirad los campos, porque ya están blancos para la siega." Con esto, Él les dijo que vieran por fe. Elías dijo haber oído una lluvia grande antes de que hubiera una nube en el cielo (1 Reyes 18:41). Comience a ver con los ojos de la fe en este nuevo tiempo, revive sus expectativas, ¡pues la nueva visión está a punto de surgir!

Espere que un nuevo gozo brote en su interior

"Entonces verás, y resplandecerás; se maravillará y ensanchará tu corazón, porque se haya vuelto a ti la multitud del mar, y las riquezas de las naciones hayan venido a ti" (Isaías 60:5). La palabra hebrea que se tradujo como "maravillará" significa temblar o palpitar. Usted estará tan emocionado cuando la esperanza brote en su interior que su corazón se acelerará. Su corazón atormentado recibirá sanidad, a tal grado, que será capaz de regocijarse. Espere que el gozo del

Señor sea su fuerza (véase Nehemías 8:10). La liberación llegará a usted y en lugar de opresión tendrá gozo. Usted está recibiendo sanidad de la esperanza que se demora y el gozo lo saturará, ¡espérelo!

Espere una provisión abundante

Isaías 60:5-7 habla de las provisiones abundantes que vienen, ¡espérelas en su vida! Dios quiere suplir todo lo que nos falte conforme a sus riquezas en gloria en Cristo Jesús (véase Filipenses 4:19). Espere que la pobreza se desprenda de usted y que las carencias en las que ha vivido antes se conviertan en dádivas más que suficientes. Anticipe la llegada de la abundancia, espere que sean liberados en gran medida las herramientas, la provisión y los recursos de Dios.

Espere que el favor de Dios llegue a usted

Isaías 60:10 dice: "En mi buena voluntad tendré de ti misericordia." Espere el favor donde sea que se encuentre, en su trabajo, en su familia, su iglesia, su matrimonio, sus negocios y su comunidad. Jesús vino "a predicar el año agradable del Señor" (Lucas 4:19). Busque que Su favor le abra puertas, le traiga los contactos que necesite y prepare un camino para usted. Espere el favor del Señor en todas sus relaciones.

La siguiente lista de cosas que hay que esperar se extrajo del tiempo de esperanza que se demora que Pedro sufrió en la cárcel, del cual leemos en Hechos 12. Esta fue una época de enorme prosperidad así como de gran persecución para la Iglesia antigua. En lo espiritual ocurrían grandes cosas y, al mismo tiempo, Herodes comenzó a atacarlos. Había matado a Santiago, hermano de Juan y luego arrestó a Pedro, poniéndolo en la cárcel con planes de ejecutarlo. La Iglesia oraba con fervor para que Pedro fuera liberado; y recibió la visita espectacular de un ángel que lo sacó de la cárcel. Las siguientes son cosas que debemos esperar y que fueron tomadas de este capítulo de Hechos. Lo animo a leerlo por completo cuando le sea posible, ya que solo citaré algunos fragmentos cortos.

Espere visitas de ángeles

"Y he aquí que se presentó un ángel del Señor" (Hechos 12:7). Con esto no quiero decir que verá ángeles necesariamente, aunque algunos de ustedes podrán verlos; pero espere que cumplan en su vida lo que las Escrituras dicen que harán. Espere la protección de los ángeles, crea que lo llevarán en sus manos para guardarlo (véase Salmos 91:11-12), espere que acampen a su alrededor (véase Salmos 34:7. Busque visitas angelicales que traigan sanidad y provisión a su vida. Y sí, espere que invadan su cárcel de esperanza que se demora y lo libren de ella. Espere que su monte Horeb tiemble con la presencia de Dios y de los visitantes angélicos.

Espere que una luz brille en su prisión

"Y una luz resplandeció en la cárcel" (Hechos 12:7). Espere que su noche dé paso a la aurora. Hace poco escuché a un buen amigo, el pastor Lon Stokes, compartir acerca de este pasaje. Él lo relacionó con Génesis y habló del significado de que Dios comience con la oscuridad cada día de la creación. El proceso de Dios siempre involucra a la noche; de hecho, ahí comienza el nacimiento espiritual. Espere que el Espíritu Santo se cierna sobre la oscuridad de su noche de esperanza que se demora y produzca un nuevo día de esperanza, tal y como lo hizo en Génesis 1. ¡Espere que la luz de la esperanza lo ilumine como la aurora!

Espere que las cadenas caigan de sus manos

Las Escrituras dicen de Pedro: "Y las cadenas se le cayeron de las manos" (Hechos 12:7). Usted tiene derecho a la libertad. La esperanza que se demora comienza a dar paso a la victoria, este es un día de logros, créalo. Si ha sido esclavo del pecado, este es el momento de ser libre; si la opresión, el desánimo y la depresión lo han mantenido cautivo, este es el momento de la liberación; si usted ha sido prisionero de las enfermedades, este es el momento de ser sanado; y si la desesperación lo ha atado, este es el día de la esperanza. ¡Espere que las cadenas caigan de sus manos! Los endemoniados que se mencionan en Mateo 8:28-32, estaban atados sin remedio a una situación terrible, sin embargo, Jesús los liberó en un instante. Espere dar grandes pasos hacia delante. Su *idios kairos*, es decir, el tiempo de Dios para usted, está aquí, ¡espérelo!

Espere que los cerrojos de su prisión se abran

Hechos 12:6-10 habla de cómo el ángel sacó a Pedro de la prisión. Usted será libre, Jesús vino a liberarlo de la prisión de la esperanza que se demora. Lucas 4:18 declara: "Me ha enviado a sanar a los quebrantados de corazón; a pregonar libertad a los cautivos". Usted está en proceso de salir del cautiverio que lo ha mantenido preso para llegar hacia un nuevo lugar de libertad. Diga a su corazón que lata de nuevo, ¡es momento de ocuparse en vivir!

Espere que las puertas se abran

"Llegaron a la puerta de hierro que daba a la ciudad, la cual se les abrió por sí misma" (Hechos 12:10). Las puertas se relacionan con la autoridad; espere que la autoridad del Señor se libere en su vida, usted poseerá las puertas de sus enemigos (véase Génesis 22:17). Las puertas se abrirán para el Señor (ver Salmos 24:7-9). Las puertas del infierno no prevalecerán contra usted (véase Mateo 26:18). El Rey de Gloria entrará a su ciudad, su hogar, su familia y su vida. ¡Espere que se abra la puerta de la esperanza!

Espere que sus enemigos caigan

"Al momento un ángel del Señor le hirió" (Hechos 12:23). Herodes, que echó a Pedro a la cárcel, fue herido y murió. Desde luego, este "esperar que los enemigos caigan" no se refiere a otras personas sino a los enemigos de su alma. Las fortalezas que están asociadas con la esperanza que se demora en su vida, los enemigos que han intentado apresarlo, serán vencidos; los enemigos de Dios (quienes se oponen al Evangelio y al creyente) caerán: "Levántese Dios, sean esparcidos sus enemigos, y huyan de su presencia los que le aborrecen" (Salmos 68:1).

Espere que la palabra del Señor crezca y se multiplique

"Pero la palabra del Señor crecía y se multiplicaba" (Hechos 12:24): Espere que la palabra de Dios prospere en usted, que aumente y se cumpla en su ciudad y en su nación; que cada promesa de las Escrituras se realice en su vida. Espere en la Palabra de Dios, espere que crezca y se multiplique. "Pero de día mandará Jehová su misericordia, y de noche su cántico estará conmigo" (Salmos 42:8). ¡El Dios de esperanza lo llenará de todo gozo y paz en el creer, para que abunde en esperanza (véase Romanos 15:13)!

> Su destino es una vida llena de esperanza, no se conforme con nada menos, ¿Recuerda a Bartimeo, el ciego que se menciona en Marcos 10? Él estaba decidido a recibir la vista. Cuando supo que la sanidad estaba a su alcance, el hombre gritó: "¡Jesús, Hijo de David, ten misericordia de mí!" (v. 47). Las personas que estaban a su alrededor insistieron en que guardara silencio, pero a él no le importó lo que dijeran, nadie lo apartaría de su milagro. Se negó a rendirse y recibió sanidad.
>
> En Lucas 5, un hombre paralítico no pensaba perder la oportunidad de recibir un milagro sólo porque no parecía ser posible llegar a Jesús. Sus amigos "subieron encima de la casa, y por el tejado le bajaron con el lecho, poniéndole en medio, delante de Jesús" (v. 19), y recibió lo que necesi-

taba. Al igual que este vencedor, usted sea tenaz, niéguese a vivir en un estado de esperanza que se demora, haga todo lo que sea necesario para avanzar.

Espere que su corazón se recupere. Espere que las nubes de duda cedan ante la aurora de la esperanza. Espere un nuevo comienzo en su vida. Espere disfrutar una vez más de la vida. Espere la victoria.

¡Espere!

Notas finales

Capítulo I

1. CANFIELD, Jack; HANSEN, Mark Victor y SPILCHUK, Barry, *A Cup of Chicken Soup for the Soul (Una taza de caldo de pollo para el alma)*, Health Communications, Deerfield, Florida, 1996, pp. 186-187.
2. ZODHIATES, Spiros, *Illustration of Bible Truths (Ilustraciones de verdades bíblicas)*, AMG Publishers, Chatanooga, Tennessee, 1995, p. 5.
3. ODEN, Marilyn B., *100 Meditations on Hope (Cien meditaciones de esperanza)*, Upper Room Books, Nashville, Tennessee, 1995, p. 32.
4. Aunque la emisión televisiva de esta película se encontraba censurada, sé que la película en sí contiene lenguaje y actividades inapropiadas; por ello, no quiero que nadie malinterprete el que me refiera a ella como una recomendación de la versión sin censura.
5. LARSON, Craig Brian; *Choice Contemporary Stories and Illustrations (Selección de ilustraciones e historias contemporaneas)*; Baker Book House; Grand Rapids, Michigan; 1998; p. 128.
6. BROWDER, Sue Ellin; *The Heart Quiz That Could Save Your Life (El test del corazón que puede salvar su vida)* en *Reader's Digest*; febrero de 2002; p. 144.
7. *Shiloh Place Ministries 2002.* http://www.shilohplace.org/crisisin.htm (26 de febrero de 2002).
8. *U.S. Divorce Stats (Estadísticas de divorcio en los Estados Unidos)* en *DivorceMagazine.com*; 2002. http://www. divorcemag.com/statistics/statsUS.shtml (al 20 de febrero de 2002).

•. HOYERT, D. L; KOCHANEK, K. D. y MURPHY, S. L.; *The Numbers Count (Los números cuentan)*; National Institute of Mental Health; enero de 2001. http://www.nimh.nih.gov/ publicat/numbers.cfm (al 20 de febrero de 2002).

0. *Depression: On the Edge (Depresión: en el límite)*; In the Mix Show Stats; http://www.pbs.org/inthemix/ shows/showstats_depression.html (al 20 de febrero de 2002).

1. *Facts and Figures about Mental Health (Hechos y cifras acerca de la salud mental)*; Nation's Mental Health; http://www.nami.org/facts (al 20 de febrero de 2002).

2. *Shiloh Place Ministries*; 2002. http://www.shilohplace.org/crisisin.htm (al 26 de marzo de 2002).

3. ODEN; *100 Meditations on Hope (Cien meditaciones de esperanza);* p. 11.

4. LARSON, Craig Brian; *Contemporary Illustrations for Preachers, Teachers and Writers (Ilustraciones contemporáneas para predicadores, maestros y escritores);* Baker Book House; Grand Rapids, Michigan; 1996; p. 183.

Capítulo 2

. ODEN, Marilyn B.; *100 Meditations on Hope (Cien meditaciones de esperanza);* Upper Room Books; Nashville, Tennessee; 1995; p. 17.

. STRONG, James; *The New Strong's Exhaustive Concordance of the Bible (La nueva concordancia exhaustiva Strong de la Biblia);* Thomas Nelson Publishers; Nashville, Tennessee; 1990; s.v. "tiqvah"; núm. de referencia 8615.

. Ibid. s.v. "qavah", núm. ref. 6960.

. ODEN; *100 Meditations on Hope (Cien meditaciones de esperanza);* p. 25.

. MORGAN, Robert J.; *Real Stories for the Soul (Historias verdaderas para el alma);* Thomas Nelson Publishers; Nashville, Tennessee; 2000; p. 53-55.

. MOTE, Edward y BRADBURY, William; *The Solid Rock (La roca sólida);* The Celebration Hymnal (Himnario de celebración); Word Music/Integrity Music; Nashville, Tennessee; 1997; p., 526.

7. Texto bíblico tomado de *La Biblia al Día,* Sociedad Bíblic Internacional. Y traducción directa del inglés del libro: VAUGHN Curtis, ed.; *The Word: The Bible from Twenty-Six Translations (L Palabra: la Biblia conforme veintiséis traducciones);* Atlanta, GA; Mathi Publishers; 1993.
8. *The Great American Bathroom Book (El gran libro estadounidense de baño)*; vol. 1; UT: Compact Classics Inc.; Salt Lake City; 1991.
9. Ibid.
10. MORGAN, Robert J.; *Real Stories for the Soul (Historias verdadera para el alma)*; pp. 120-121 (énfasis añadido).
11. PEARSALL, Paul; *The Ten Laws of Lasting Love (Las diez leyes de amor perdurable)*; Simon and Schuster; Nueva York; 1993; n.p (énfasis añadido).
12. LARSON, Craig Brian; *Contemporary Illustrations for Preacher Teachers and Writers (Ilustraciones contemporáneas para predicadore maestros y escritores)*; Baker Book House; Grand Rapids, Michigan 1998; p. 228.

Capítulo 3

1. CANFIELD, Jack; HANSEN, Mark Victor y MCNAMARA Heather; *Chicken Soup for the Unsinkable Soul (Caldo de pollo para e alma insumergible)*; Health Communications, Deerfield Inc; Florida 1999; p. 58.
2. ZODHIATES, Spiros; *The Complete Word Study Dictionary (Diccionari completo de estudio de palabras)*; World Bible Publishers Inc.; Iowa Falls Iowa; 1992; p. 570.
3. ODEN, Marilyn B.; *100 Meditations on Hope (Cien meditaciones d esperanza)*; Upper Room Books; Nashville, Tennessee; 1995; p. 72.
4. ZODHIATES, Spiros; *Hebrew-Greek Key Study Bible New America Standard (Biblia de estudio de claves hebreas y griegas versión Ne American Standard)* edición revisada; AMG Publishers; Chatanooga Tennessee; 1990; p. 1785.
5. CANFIELD, HANSEN y MCNAMARA; *Chicken Soup for th Unsinkable Soul (Caldo de pollo para el alma insumergible)*; p.142-143

6. Ibid; p. 63.
7. "Wilma Rudolph Biography (Biografía de Wilma Rudolph)"; *Women in History (Mujeres en la historia)*; mayo 2002; http://www.lkwdpl.org/wihohio/rudo-wil.htm (al 5 de marzo de 2002).
8. MORGAN, Robert J.; *Real Stories for the Soul (Historias verdaderas para el alma)*; Thomas Nelson Publishers; Nashville, Tennessee; 2000; p. 117-119 (énfasis añadido).
9. ZODHIATES; *Hebrew-Greek Key Study Bible New American Standard (Biblia de estudio de claves hebreas y griegas versión New American Standard Bible);* p. 1716.
10. Ibid., p. 1712.
11. STRONG, James; *The New Strong's Exhaustive Concordance of the Bible (La nueva concordancia exhaustiva Strong de la Biblia);* Thomas Nelson Publishers; Nashville, Tennessee; 1990; s.v. "nachal"; núm. ref. 5158.
12. *New Webster's Dictionary and Thesaurus of the English Language (Nuevos diccionario y diccionario de sinónimos Webster del idioma inglés);* s.v. "synergism".
13. ROWELL, Edward K.; *Fresh Illustrations for Preaching and Teaching (Ilustraciones frescas para predicar y enseñar)*; Baker Book House; Grand Rapids, Michigan; 1997; p.118.
14. ZODHIATES; *Hebrew-Greek Key Study Bible New American Standard (Biblia de estudio de claves hebreas y griegas versión New American Standard Bible);* p. 1796.
15. KYLE, Ted y TODD, John; *A Treasury of Bible Illustrations (Un tesoro de ilustraciones bíblicas);* AMG Publishers; Chattanooga, Tennessee; 1995; p. 215.

Capítulo 4

1. LARSON, Craig Brian; *Illustrations for Preaching and Teaching (Ilustraciones para predicar y enseñar);* Baker Book House; Grand Rapids, Michigan; 1993; p. 91.
2. ALVES, Rubem; citado en *Spiritual Literacy: Reading the Sacred in Everyday Life (Alfabetismo espiritual: leyendo lo sagrado en la vida*

diaria); compilado por Frederic y Mary Ann Brussat; Simon and Schuster; Nueva York; 1996; p. 194.
3. Fuente desconocida.
4. ZODHIATES, Spiros; *Illustrations of Bible Truths (Ilustraciones de verdades bíblicas);* AMG Publishers; Chattanooga, Tennessee; 1995; p. 267.
5. LARSON, Craig Brian; *Contemporary Illustrations for Preachers, Teachers and Writers (Ilustraciones contemporáneas para predicadores, maestros y escritores);* Baker Book House; Grand Rapids, Michigan; 1996, p. 110.
6. LARSON, Craig Brian; *Choice Contemporary Stories and Illustrations for Preachers, Teachers and Writers (Ilustraciones contemporáneas selectas para predicadores, maestros y escritores);* Baker Book House; Grand Rapids, Michigan; 1998; p. 20.
7. STRONG, James; *The New Strong's Exhaustive Concordance of the Bible (La nueva concordancia exhaustiva Strong de la Biblia)*; Thomas Nelson Publishers; Nashville, Tennessee; 1990; s.v. "katanoeo"; núm. ref. 2657.
8. Ibid. "paroxusmos" núm. ref. 3948.
9. ZODHIATES, Spiros; *Hebrew-Greek Key Study Bible New American Standard (Biblia de estudio de claves hebreas y griegas versión New American Standard Bible)* edición revisada; AMG Publishers; Chatanooga, Tennessee; 1990; p. 1864.
10. LARSON; *Illustrations for Preaching and Teaching*; p. 144.

Capítulo 5

1. ROWELL, Edward K.; *Fresh Illustrations for Preaching and Teaching (Ilustraciones frescas para predicar y enseñar);* Baker Book House; Grand Rapids, Michigan; 1997; p.148.
2. Para entender los eventos que se asocian con Horeb, es importante notar la conexión entre el monte Horeb y el monte Sinaí en las Escrituras. Los estudiosos no tienen claro si el Sinaí era parte de una montaña llamada Horeb o si Horeb era parte de una llamada Sinaí, pero en el sentido histórico y contextual, se les considera parte de la misma montaña.

DEVOS, Rich; *Hope From my Heart (Esperanza de mi corazón);* Thomas Nelson Publishers; Nashville Tennessee; 2000; p. 27 y 33.

BULLINGER, Ethelbert W.; *A Critical Lexicon and Concordance to the English and Greek New Testament (Un léxico y concordancia crítica del Nuevo Testamento en inglés y griego);* Zondervan Publishing House; Grand Rapids, Michigan; 1975; p. 804.

STRONG, James; *The New Strong's Exhaustive Concordance of the Bible (La nueva concordancia exhaustiva Strong de la Biblia);* Thomas Nelson Publishers; Nashville, Tennessee; 1990; "idios", núm. ref. 2398.

MORGAN, Robert J.; *Real Stories for the Soul (Historias verdaderas para el alma);* Thomas Nelson Publishers; Nashville, Tennessee; 2000; pp. 158-159.

STRONG; *The New Strong's Exhaustive Concordance of the Bible*; s.v. "abar", núm. ref. 5674.

ZODHIATES, Spiros; *Hebrew-Greek Key Study Bible New American Standard (Biblia de estudio de claves hebreas y griegas versión New American Standard Bible)* edición revisada; AMG Publishers; Chatanooga, Tennessee; 1990; p. 1756.

Ibid.

BYERLY, Bobbye; *Miracles Happen When Women Pray (Suceden milagros cuando las mujeres oran);* Regal Books; Ventura, California, 2002; pp. 40-45.

Capítulo 6

GRAY, Alice; *More Stories for the Heart (Más historias del corazón);* Multnomah Publishers Inc.; Sisters, Oregon; 1997; p. 247.

STRONG, James; *The New Strong's Exhaustive Concordance of the Bible (La nueva concordancia exhaustiva Strong de la Biblia);* Thomas Nelson Publishers; Nashville, Tennessee; 1990; s.v. "matteh", núm. ref. 4294.

ANDERSON, Neil T.; *Victory Over the Darkness (Victoria sobre la oscuridad);* Regal Books; Ventura, California; 1990; pp. 87-88.

DENGLER, Sandy; *Susanna Wesley, Servant of God (Susana Wesley, sierva de Dios);* Moody Press; Chicago Ilinois; 1987; s.p.

5. MARSHALL, Catherine; "Timeless Treasures (Tesoros eternos)" *Spirit Led Woman (Mujer guiada por el Espíritu);* febrero-marzo d 2002; pp. 66-67.
6. GRAY; *More Stories for the Heart*; p.220.